Industrial Design Studium in Essen
Industrial Design Studies in Essen

Sponsoren
Sponsors

Adam Opel AG
ADS Anker GmbH
Alias Wavefront
BMW Niederlassung Essen
Fördervereinigung für die Stadt Essen e.V.
F.W. Oventrop GmbH & Ko KG
Miele & Cie. GmbH & Co.
PCM Reinhard Hochkirchen
Projekt- und Congress-Management
Sedus Stoll AG
Wilkhahn
WILA Leuchten GmbH
Volkswagen AG

Industrial Design Studies in Essen

Industrial Design Studium in Essen

From the Folkwangschule für Gestaltung to the University of Essen

Von der Folkwangschule für Gestaltung zur Universität Essen

Grußwort des Ministerpräsidenten des Landes Nordrhein Westfalen

Dem Fachbereich Gestaltung und Kunsterziehung sage ich zum 50-jährigen Jubiläum des Studienganges Industrial Design meinen herzlichen Gruß.

Das öffentliche Renommee von Designern steht nach meiner Beobachtung, auch wenn sich daran inzwischen einiges zum Besseren gewandelt hat, noch immer nicht in einem vernünftigen Verhältnis zur herausragenden Bedeutung ihrer Arbeit für das moderne Leben. Dabei wissen wir alle: Ob Auto oder Spülmaschine, Handtuchhalter oder Geschirr, kein Gegenstand des täglichen Gebrauchs erhält seine Form ohne die kreative Arbeit von Gestaltern. Designer wirken öffentlich, arbeiten jedoch im Hintergrund. Deshalb begrüße ich sehr, dass der Studiengang Industrial Design nicht nur über seine Geschichte informiert, sondern auch auf die Wirkung seiner Arbeit aufmerksam macht und auf die nationalen und internationalen Preise, die seine Absolventen gewonnen haben.

50 Jahre Industriedesign in Essen: Das zeigt übrigens auch, dass man im Ruhrgebiet auch schon perspektivisch dachte, ausbildete und arbeitete, als diese Region noch ausschließlich als Zentrum der Schwerindustrie galt. Das sollte uns heute erst recht ermutigen, auf die Zukunftsfähigkeit dieses starken Stücks unseres Landes zu setzen.

Greetings from the Prime Minister of North Rhine Westfalia

I would like to send my hearty greetings to the Faculty of Design and Art Education on the fiftieth anniversary of the founding of their department Industrial Design.

It is my opinion that the reputation of designers stands in no real proportion to the immense importance of their work in modern life – although in this respect things have improved somewhat. Thereby, we all know – whether car or dishwasher, towel rack or crockery, no article of daily use receives its form without the creative work of designers. Designers affect public life, but themselves remain in the background. Therefore I am very happy that the Department of Industrial Design has not only informed us of its history, but has also drawn our attention to its work and to the national and international prizes which its graduates have won.

50 years of Industrial Design in Essen also shows that in the Ruhr region, even while it was exclusively a centre of heavy industry, people also thought, educated and worked in other perspectives. This fact should encourage us, above all, to believe completely in the future of this powerful region of our state.

Wolfgang Clement

Zum Geleit
Preface

Industrial Design-Ausbildung in Essen

Es mag auf den ersten Blick überraschen, dass ein Design-Fachbereich zum Lehr- und Forschungsangebot einer Universität gehört. In der Tat war die Integration der in den Nachkriegsjahren an der Folkwang-Hochschule ins Leben gerufenen Designausbildung in die 1972 gegründete Essener Universität außergewöhnlich. Entstanden ist ein Unikat in der deutschen Hochschullandschaft: Neben Essen bietet nur noch eine weitere deutsche Hochschule eine Designausbildung im Rahmen eines universitären Konzeptes und damit eine Verknüpfung von künstlerischer Ausbildung und wissenschaftlich-theoretischer Fundierung an.

Gewiss ist der Austausch zwischen den *Künstlern*, wie die Designer in der Hochschule meist bewundernd genannt werden, und den Wissenschaftlern der *klassischen* Fachbereiche nicht immer reibungslos verlaufen. Es brauchte Zeit, um sich gegenseitig als bereichernd wahrzunehmen und das große Potential, das in möglichen Kooperationen liegt, zu erkennen. Heute zählt der Design-Bereich, der mit seinen beiden Säulen Industrial Design und Kommunikationsdesign in der Fachwelt hohes Ansehen genießt und weit über Stadt und Region hinausstrahlt, nicht nur zu den unumstrittenen Aushängeschildern der Universität Essen. Mit seinen zahlreichen Vernetzungen mit anderen Fachbereichen ist er darüber hinaus ein unverzichtbarer Teil der universitären Binnenstruktur und mit seiner künstlerischen Ausstrahlungskraft zu einem unersetzlichen Teil der Universitätskultur geworden.

Industrial Design Training in Essen

On first sight it might be surprising that a special design department belongs to the research and lecture offer of a university. As a matter of fact the integration of the design training being initiated in the post-war years at the Folkwang-Hochschule in the University of Essen founded in 1972 was extraordinary. Now there is a unique solution of the German situation of the universities. Beside Essen only one other German university offers a design training within the framework of a university concept that is to say a link of artistic training on a scientific theoretical base.

Surely the communication among the artists, as the designer are often called with admiration and the scientists of the classical faculties was not always smooth. Time was needed to realize each other as an additional value and the big potential lying in possible cooperations. Today the design area with its two important columns industrial design and communication design is highly reputed among the experts and is well known far beyond the city and the region and does not only belong to the undisputed signs of the University of Essen. Further more the numerous linkages with other faculties are now an indispensable part of the infrastructure of the university culture with its artistic charisma.

Damit haben die Designer nicht unwesentlich das Profil der Essener Universität mitgeprägt, das sich durch die Integration unterschiedlichster Fächer- und Wissenschaftskulturen auszeichnet und letztlich als eine zeitgemäße Weiterentwicklung der alten Folkwangidee der Verschwisterung der Musen verstanden werden kann: *Wissenschaften und Künste unter einem Dach.*

Der Bereich Industrial Design, der in diesem Jahr sein 50-jähriges Bestehen feiern kann, ist ein besonders geglücktes Beispiel dafür, wie sich künstlerisches Gestalten und wissenschaftliches Denken gegenseitig befruchten können. Die Möglichkeit, die Designausbildung wissenschaftlich – bis hin zur Promotion – zu vertiefen sowie die Kooperationen, die mit anderen Fächern, etwa den Ingenieuren oder den Wirtschaftswissenschaften, zum gegenseitigen Nutzen gepflegt werden, haben dazu beigetragen, dass sich Essen zu einem der führenden Standorte im Industrial Design entwickelt hat. Übrigens verweisen auch die zahlreichen Aktivitäten aus Anlass des Jubiläums – der vorliegende Katalog, die Ausstellung und das Programm zum Symposium – auf die enge Verbindung, die künstlerischer Anspruch und wissenschaftlich-theoretische Reflexion im Studiengang Industrial Design miteinander eingegangen sind.

Es freut mich, dass die Essener Industrial Designer das Jubiläum ihres Studiengangs zum Anlass nehmen, um eine Positionsbestimmung zu wagen und über die Weiterentwicklung der Industrial Design Ausbildung im universitären Rahmen nachzudenken. Sie belassen es nicht bei einer Würdigung des in der Vergangenheit Geleisteten, zu der sie allen Anlass hätten, sondern thematisieren ihre Zukunft im universitären wie regionalen Umfeld – eine Zukunft, auf die sich die Universität Essen freut.

So the designers shaped the profile of the University of Essen not only marginally that distinguishes oneself by the integration of most different faculties and sciences and can be understood at last as a modern development of the old Folkwang-idea of the muses being sisters: Sciences and arts under one roof.

The field industrial design that can celebrate its 50th anniversary this year is an excellent example for the fact how artistic design and scientific thoughts can have an inspiring influence on each other. The possibility to deepen the design training scientifically – up to the gaining of a doctorate – as well as the cooperation with other subjects, as for instance the civil engineering or the economic sciences for the benefit of both sides are a contribution to the fact that Essen has developed to one of the most important places for Industrial Design. By the way the numerous activities in connection with the anniversary – the present catalogue, the exhibition and the programme for the symposium – hint at a close connection between artistic demand and scientific-theoretical reflexion in the faculty Industrial Design that are meanwhile true.

I am glad that Industrial Designers of Essen take the anniversary of their faculty as an opportunity, to dare to define a position and to reflect on the further development of the design training within the framework of university. They do not only honor the efficiency of the past what would be very reasonable but define their future within the universal and regional area, a future, the University of Essen looks forward to.

Zum Geleit
Preface

Prof. Dr. Dr. Karl Rohe
Rektor der Universität Essen

50 Jahre Industrial Design-Ausbildung in Essen

Dieses Buch soll den Studiengang Industrial Design an der Universität Essen vorstellen. Es soll die Fachwelt ebenso wie die Studieninteressierten sowie die Industrie, Wirtschaft und die allgemeine Öffentlichkeit über Geschichte und Stand informieren und Einblicke in die Weiterentwicklung des Faches ermöglichen.

50 Jahre Industriedesign-Ausbildung in Essen, von der Folkwangschule für Gestaltung in Essen Werden zum Fachbereich 4, Gestaltung/Kunsterziehung der Universität Essen im Segeroth, umfassen Entwicklungen und Veränderungen von der Nachkriegszeit bis zur Gegenwart. Und doch ist es nur ein – wenn auch wichtiger – Ausschnitt aus der Geschichte der Ausbildung von Gestaltern in Essen.

50 Jahre sind Anlaß genug, an der Schwelle zum letzten Jahr dieses Jahrhunderts zurückzublicken, einen Überblick zu geben und nach Perspektiven zu fragen. Das Projekt *50 Jahre Industrial Design in Essen* ist kein nostalgisches Erinnern. Unser Ziel ist vielmehr, an Designprojekten, Konzepten, Entwürfen, Modellen und Objekten aus diesem Zeitraum anschaulich zu machen, daß Industrial Design im jeweils bestimmten gesellschaftlichen Umfeld unterschiedliche Ansprüche, Lösungen und Perspektiven entwickelt, die ihren Niederschlag im Studium finden und ihre Bewährung in der Praxis erfahren.

Die Dokumentation will auch auf die öffentliche Wirkung aufmerksam machen, die über die Jahre kontinuierlich von Essener Projekten im Industrial Design ausgegangen ist, so etwa in der Hervorhebung durch den Gewinn nationaler und internationaler Preise, Einladungen mit Beiträgen zu Workshops, Konferenzen und Kongressen. Die gezeigten Arbeiten belegen ganz allgemein das breite Spektrum der Aufgaben für Industrial Designer heute.

50 years of Industrial Design-education in Essen

This book is intended to introduce the Department of Industrial Design at the University of Essen. Our aim is to inform both the world of design and also those interested in studying design, as well as industry, commerce and the general public about the history and present state of the department, as well as to provide a glimpse of future plans.

50 years of Industrial design education in Essen: from the Folkwangschule for Gestaltung in Essen Werden to Faculty 4, Design/Art Education, at the University of Essen in Segeroth – these years cover developments and changes from the post-war period to the present. And it is nevertheless only a section – if an important one – of the history of the education of designers in Essen.

50 years are certainly reason to look back from the threshold of the last year of this century to gain an overview and to ask about perspectives. The project, 50 years Industrial Design in Essen is no nostalgic reminiscence. It is rather our intention to demonstrate that the design projects, concepts, drafts, models and objects of this period prove that Industrial Design in every era develops claims, solutions and perspectives in relation to the relevant social surroundings and that these are precipitated into design studies and tried and proved through practice.

This documentation also aims to draw attention to the public notice that, over a period of many years, has continually been attracted by the Essen projects in Industrial Design; for example, the attention attracted by both national and international awards, invitations to speak in workshops, conferences and congresses. The products shown exemplify in general the wide spectrum of tasks of Industrial Design today.

Dieser Katalog verweist auch darauf, daß gerade in Essen als erstem Ort in der Nachkriegsgeschichte der Bundesrepublik die Bedeutung der Ausbildung von Industriedesignern als wichtige Aufgabe angenommen wurde, wie auch die Aufgabe der Vermittlung und Verbreitung der Designideen und -konzepte über die Anschauung der Gegenstände gesehen wurde: Durch Ausstellungen wie sie, beginnend mit der ersten Präsentation im *Kleinen Haus der Villa Hügel* als erstem *Design-Zentrum*, dann im *Haus Industrieform* – und heute *Design Zentrum Nordrhein Westfalen* – realisiert wurden und werden.

Dieser Katalog verweist auf die Konzentration und Schwerpunktbildung im Diplomstudiengang Industrial Design für Nordrhein Westfalen an der Universität Essen. Wie und mit welchen Ergebnissen hier im Industrial Design gearbeitet wird, dazu sollen die Ausstellung und diese Publikation Einblicke vermitteln. Daß dabei vieles von dem, was Gegenstand von Lehre und Forschung ist, nicht erscheint, liegt auf der Hand. Nicht alle Facetten der Arbeit in den Projekten, Seminaren und Vorlesungen können hier dargestellt werden.

Daß Industrial Design in einem Fachbereich der Universität Essen angesiedelt ist, heißt, daß sich Kommunikationsdesign und Kunst- und Designpädagogik in Projekten mit Gebieten auch anderer Fachbereiche zu gemeinsamem Nutzen überschneiden. Vom Maschinenbau bis zur Medizin, von der Philosophie bis zum Marketing.

Vorwort
Preface

This catalogue also draws attention to the fact that, in the post-war history of the Federal Republic, it was Essen that first recognised the importance of the task of educating industrial designers and also the task of transmitting and spreading ideas on design and concepts of how objects should be looked at: and how these aspects were, and will be realised through exhibitions such as those which began with the first presentation in the Kleines Haus der Villa Hügel – the first design centre then in Haus Industrieform – and today, in the Design Zentrum Nordrhein Westfalen.

This catalogue also indicates the concentration and specialisation in diploma studies in Industrial Design in North Rhine Westfalia at the University of Essen. The exhibition and this publication aim to provide a glance into the results that have here been produced in the field of Industrial Design. It is obvious that much that is relevant in the area of teaching and research does not appear here – not all facets of the project work, seminars and lectures could be presented here.

The fact that Industrial Design has been transferred to a faculty of the University of Essen also means that project work in Communication Design and Art- and Design-Education overlaps into other faculties – to the common benefit: from Mechanical Engineering to Medicine, from Philosophy to Marketing.

Nicht zuletzt gilt es, Dank abzustatten:

Wir haben dem Ministerpräsidenten des Landes NRW, Herrn Wolfgang Clement zu danken für sein Interesse an unserer Arbeit, das sich auch darin äußert, daß er die Schirmherrschaft für dieses Projekt übernommen hat.

Wir danken Herrn Dr. Wolfgang Ziemann, Vorsitzender des Fördervereins der Stadt Essen e.V., ohne dessen Förderung das Projekt nicht hätte realisiert werden können.

Weiterhin Herrn Peter Killmann von der Essener Wirtschaftsförderungsgesellschaft.

Beim Design Zentrum und seinem Geschäftsführer Herrn Prof. Dr. Peter Zec bedanken wir uns für die Aufnahme des Symposiums (vom 5.-7. November 1999) in ihren Räumen.

Besonderer Dank Susanne Merzkirch für die fachliche Kompetenz und den großen Einsatz bei der Konzeption und Realisierung des Katalogs und des Symposiums, den Autoren für ihre Beiträge, Dr. Valerie Heitfeld-White für die Mühen der Übersetzung, Norbert Weigend für die Redaktion, den Kollegen und Mitarbeitern des Industrial Designs, insbesondere Steffen Boeckmann für die Konzeption und Gestaltung der Ausstellung, Frau Christa Nolte für die unermüdliche Sekretariatsarbeit und den Studierenden und Absolventen für die Bereitstellung ihrer Arbeiten.

Schließlich sei Lin Lambert und Nadine Spachtholz für die Konzeption und Gestaltung, sowie Hans-Jürgen Niessen für die großzügige Unterstützung bei der Herstellung des Katalogs gedankt.

Finally, I would like to thank sincerely the following:

The Minister President of Northrhine Westfalia, Mr. Wolfgang Clement, for his continual interest in our work – an interest which led him to become the patron of this project.

Dr. Wolfgang Ziemann, Chairman of the Förderverein der Stadt Essen e.V., without whose help this project could never have been realised.

Mr. Peter Killmann from the Wirtschaftsförderungsgesellschaft in Essen.

The Design Centre and Professor Dr. Peter Zec, its director, for allowing us to use this centre for our Symposium, (5-7 November, 1999).

We also thank Susanne Merzkirch for her professional competence and her enthusiastic contribution to the idea and carrying-out of this project, the Authors for their contributions, Dr. Valerie Heitfeld-White for her translation, Norbert Weigend for editing, our colleagues in Industrial Design, especially Steffen Boeckmann, for the conception and design of the exhibition, Christa Nolte, for her untiring secretarial work and the students and graduates of the department for placing their work at our disposal.

A last word of thanks to Lin Lambert and Nadine Spachtholz for coneption and design as well as Hans-Jürgen Niessen for his generous support in producing the catalogue.

Stefan Lengyel
November 1999

Inhalt

- 14 **Ein Jahrhundertphänomen im Aufbruch**
  Stefan Lengyel
- 20 **50 Jahre Industrial Design in Essen**
  Hermann Sturm

Studienprojekte
- 34 **Der Studiengang Industrial Design**

Arbeiten der Absolventen aus der Praxis
- 84 Abbildungen der Projekte

Theorien zum Design
- 116 **Design und Wissenschaft**
  Norbert Bolz
- 120 **Thesen zum Konzept der Designwissenschaft**
  Hermann Sturm
- 126 **Design-Ergonomie-Interface**
  Ralph Bruder
- 130 **Design Minded Management**
  Susanne Merzkirch
- 132 **Design und Technologie**
  Diethard Bergers
- 134 **Die Verfolgung des Augenblicks**
  Susanne Merzkirch
- 138 **Eine Gedankenskizze zum Design als ökonomische Größe**
  Peter Zec
- 140 **Designsammlung**
  Hermann Sturm

Lehrende im Industrial Design
- 146 **Ergonomie im Design**
  Prof. Dr.-Ing Ralph Bruder
- 148 **Gestaltungslehre**
  Prof. Klaus Dombrowski
- 150 **Darstellung im Industrial Design**
  Prof. Jürgen Junginger
- 152 **Konzeption und Entwurf**
  Prof. Stefan Lengyel
- 154 **Konzeption und Entwurf**
  Prof. Friedbert Obitz
- 156 **Konzeption und Entwurf**
  Prof. Klaus Fleischmann
- 157 **Modellbau**
  Gerd Beineke
- 158 **Entwurfsgrundlagen**
  Steffen Boeckmann
- 160 **Designmanagement**
  Susanne Merzkirch

Anhang
- 164 Lehrende seit 1949
- 166 Studenten seit 1949
- 170 Auszeichnungen
- 174 Autoren
- 176 Literaturempfehlungen
- 192 Impressum

Content

- 14 *A once in a hundred years Phenomenon*
  Stefan Lengyel
- 20 *50 years Industrial Design in Essen*
  Hermann Sturm

Study Projects
- 34 **The Faculty of Industrial Design**

Projects of Graduates from Practice
- 84 Pictures of the Projects

Theories of Design
- 116 **Design as a Science**
  Norbert Bolz
- 120 **Theses on the Concept of a Science of Design**
  Hermann Sturm
- 126 **Design-Ergonomics-Interface**
  Ralph Bruder
- 130 **Design Minded Management**
  Susanne Merzkirch
- 132 **Design and Technology**
  Diethard Bergers
- 134 **The Pursuit of the Moment**
  Susanne Merzkirch
- 138 **A Draft of Thoughts on Design as Economic Value**
  Peter Zec
- 140 **Design Collection**
  Hermann Sturm

Teachers of Industrial Design
- 146 **Ergonomics in Design**
  Prof. Dr.-Ing Ralph Bruder
- 148 **Teaching of Form**
  Prof. Klaus Dombrowski
- 150 **Presentation Techniques in Industrial Design**
  Prof. Jürgen Junginger
- 152 **Conception and Design**
  Prof. Stefan Lengyel
- 154 **Conception and Design**
  Prof. Friedbert Obitz
- 156 **Conception and Design**
  Prof. Klaus Fleischmann
- 157 **Model-Making**
  Gerd Beineke
- 158 **Design Fundamentals**
  Steffen Boeckmann
- 160 **Designmanagement**
  Susanne Merzkirch

Appendix
- 164 Teachers since 1949
- 166 Students since 1949
- 170 Awards
- 174 Authors
- 176 Literature
- 192 Imprint

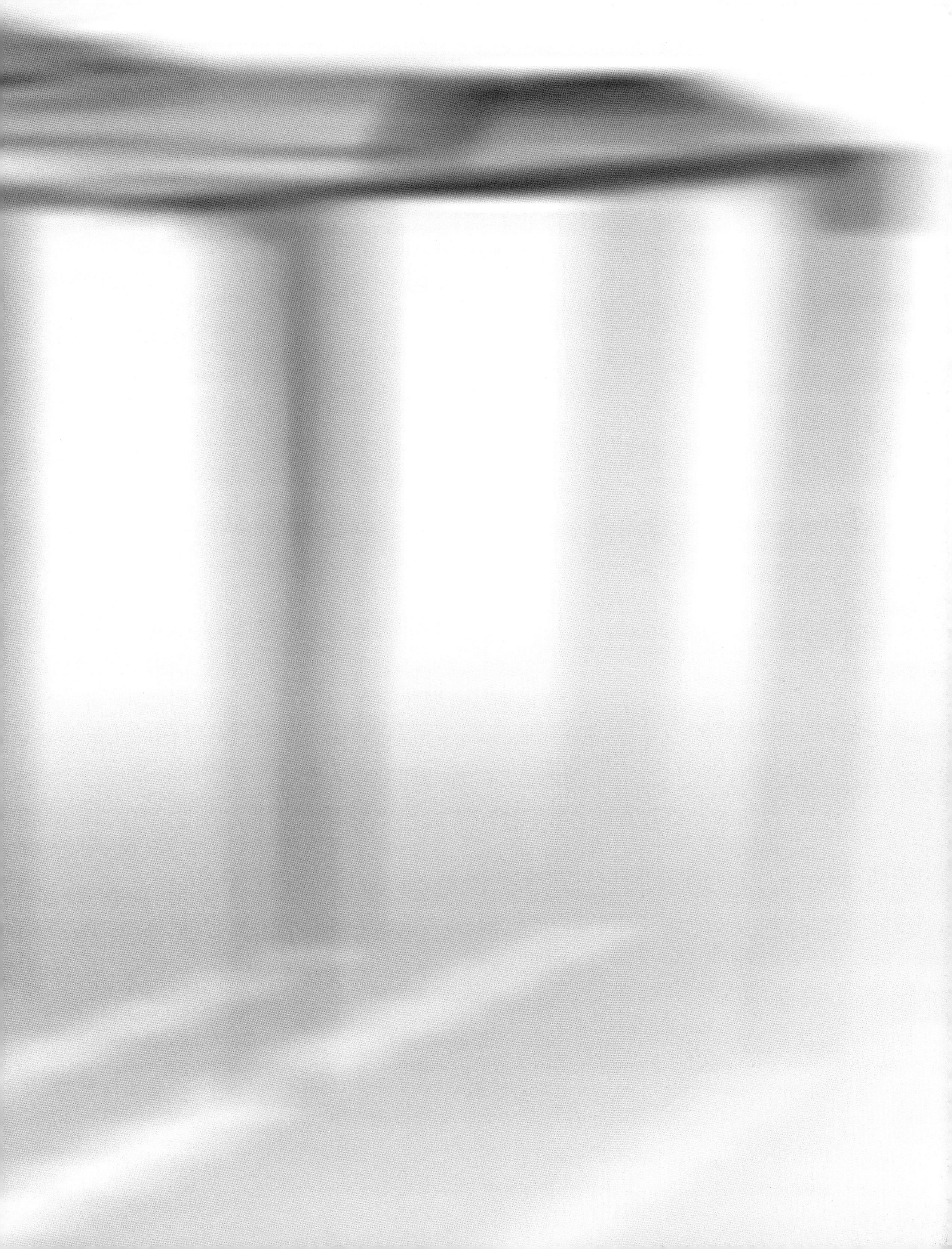

Ein Jahrhundertphänomen im Aufbruch

A once in a hundred years Phenomenon

Stefan Lengyel

Kaum ein Wort hat in den letzten Jahrzehnten eine so große Popularität erfahren wie das Wort *Design*. Die Gründe liegen auf der Hand: Produkte mit sympathischer Erscheinungsform, meist verbunden mit intelligentem Nutzwert, sind in der Regel Ergebnisse eines sorgfältigen Designs. Aber kaum ein Wort wurde auch so oft mißbraucht. Jede Art von visueller Auffälligkeit ist heute *Design*.

Design aber ist mehr, als eine solche Bestimmung der äußeren Erscheinung vermuten läßt. Die Arbeit des Designers setzt bei der Bestimmung der Gebrauchsqualität an, wobei die Gestaltung von Form und Farbe als Mittel anzusehen ist, welches die technisch-rationalen Funktionen für den Benutzer sinnlich wahrnehmbar vermittelt. Das Ziel der Gestaltung, die Ästhetik des Produkts, dient der emotionalen Unterstützung des Gebrauchsvorgangs. Ob bei einem Objekt mehr praktisch-rationale oder mehr ästhetisch-emotionale Aspekte dominieren, hängt vom Charakter des Objektes ab – der Entwurf einer Blumenvase unterliegt anderen Kriterien als der Entwurf eines Flugzeugcockpits.

Auf diese Grundsätze ist das Industrial Design – worüber hier zu sprechen ist – aufgebaut. Die entwerfende Arbeit des Designers ist ein Prozeß mit dem Ziel, Form- und Gebrauchsqualitäten von industriell hergestellten Produkten und Produktsystemen mitzubestimmen, die dem Menschen in individueller und sozialer Sicht dienen. Der Begriff des Industrial Design umschließt damit alle Bereiche der mittels technischer Produktion geschaffenen Umwelt – auch unsere Verantwortung für sie.

In the last century, there has been scarcely so popular a word as design. *The reasons are clear: Products with an attractive appearance, mostly connected with an intelligent usage value, are usually the result of careful design. But scarcely any other word has been so often misused. Today, every kind of optical conspicuousness is called* design.

But design is something more than a summary of external appearances allows one to suspect. The work of the designer begins with the determination of the quality of usage, whereby the choice of form and colour is to be seen as a means which makes the technical-rational functions clear for the user. The goal of design, the aesthetic value of the product, serve the emotional aspect of the process of using it. Whether the practical-rational or the aesthetic-emotional aspect of an object dominates, depends on the character of the object – the design of a vase has different criteria to that of a cockpit.

On this basis is the industrial design that we are here discussing based. The creative work of the designer is a process with the goal of helping to decide on the form and ways of usage of industrial products and on to determine the product system which serves people, individually and socially. The term Industrial Design embraces all branches of the environment created by technical production – including our responsibility for it.

Aufgabe des Designers ist es somit, die Technik in kulturelle Zusammenhänge einzubetten.

In diesem Zusammenhang ist Design gesellschaftliche Kommunikation. Design ist für den Benutzer die verständlichste Sprache des Produkts.

Durch sie wird das Produkt besser erkennbar, verständlicher, leichter handhabbar, mit anderen Worten: nützlicher, wertvoller.

Design schafft Freude, initiert Kreativität, ermöglicht Individualität und Identität. Gutes Design ist ein Beitrag für höhere Lebensqualität.

Das gegenwärtig zunehmende Interesse an Design dürfte in erster Linie auf das wachsende Qualitätsbewußtsein in allen Lebensbereichen zurückzuführen sein, welches zusätzlich vom Streben nach mehr Individualität in der jeweils eigenen, gegenständlichen Umwelt begleitet wird. Nachdem die technisch-technologische Entwicklung immer perfektere praktische Produktfunktionen zustandebrachte, entwickelte sich im Zuge des steigenden Qualitätsbewußtseins das Verlangen nach mehr Berücksichtigung von Emotionen in den Gegenständen des alltäglichen Gebrauchs. Dieser gesellschaftliche Wandel verlangt andere Produktqualitäten, Qualitäten, die über diejenigen, die bisher die Praxis industrieller Herstellung bestimmt haben, weit hinausgehen.

Dieser Änderung der Bedürfnisse ist mit technischen Mitteln allein nicht zu begegnen, es handelt sich hier schlicht um eine andere Kategorie menschlicher Erfahrung, welche eher den Bereich der Human- und Gesellschaftswissenschaften berührt – und damit mit der naturwissenschaftlichen Erfahrungswelt nicht mehr zu fassen ist. Dabei bleibt unbestritten, daß die Technik die Grundlage aller industriell hergestellten Produkte ist und daß jedem Designobjekt eine rational begründete, praktische Funktion zugrundeliegt. Aber ebenso wahr ist, daß die eigentliche Qualität der von Menschen unmittelbar benutzten Objekte nur im Gebrauchszusammenhang zu ermitteln ist.

Thus it is the task of the designer to embed technology in its cultural context.

In this relution Design is social communication. For the user, design is the language of production which is easiest to understand.

Through it, the product becomes easier to recognise and understand, simpler to handle – in other words, more useful and more valuable.

Design spreads happiness, initiates creativity and makes possible individuality and identity. Good design makes a contribution to a higher standard of living.

The present ever-increasing interest in design can basically be traced back to an increasing awareness of quality in all spheres of life. This is additionally accompanied by a striving for more individuality in the personal world of surrounding objects. After technical-technological developments provided more and more perfection in practical product functions, in the course of the development of an increasing awareness of quality, a demand for a consideration of emotion in regard to objects of every day use, arose. This social change calls for other product qualities – qualities that extend far beyond the practice of industrial production as it was then known.

This change in needs cannot be satisfied with technical means alone. This category is related to another area of human life – one which touches the human and the social area, and thus cannot be grasped by the world of science. However, it cannot be questioned that technology forms the basis of all industrially produced goods and that every object has a rational, practical function. But it is just as true that the real quality of an object used by people can only be determined in relation to its use.

In vielen Fällen kommt die Technik gerade durch Design zur vollen Funktionalität und zur besseren Entfaltung.

Um die Qualitäten eines Objektes bewerten zu können, müssen wir sie auf ihre ursprünglichen Funktionen hin überprüfen. So können wir – sehr vereinfacht gesagt – über objektbezogene und über menschenbezogene Funktionen sprechen. Bei der Entwicklung eines Industrieproduktes fallen in der Regel die Aufgaben aus dem Bereich der objektbezogenen Funktionen dem Ingenieur und die menschbezogenen dem Designer zu. Während der Ingenieur für die Umweltverträglichkeit der Produkte zu sorgen hat, ist der Designer derjenige, der die Verantwortung für die Sozialverträglichkeit der Produktwelt trägt.

In diesem Spannungsfeld zwischen technischer Struktur und Erscheinungsform, zwischen Ratio und Emotion eine harmonische Mitte zu finden, ist die Aufgabe des Designers. Gutes Design heißt also: Sowohl die praktische Funktion als auch die ästhetische Wirkung erfüllen die Erwartungen des Benutzers optimal; die Form verhilft der Technik zu einer besseren Anwendungsqualität. Dies bedeutet letztlich, daß der pragmatische Umgang mit dem Objekt emotional unterstützt wird. Die Nichtübereinstimmung von Ratio und Emotion führt zu Störungen im Gebrauch.

Im Mittelpunkt unserer Arbeit steht deshalb die Erforschung der Wechselbeziehung zwischen den technisch-physikalischen, rationalen und objektiven Bedingungen der Produktwelt sowie den soziokulturell geprägten subjektiven Erwartungen und Wahrnehmungen der Benutzer. Dort, wo die industrielle Produktion nicht allein ihre technischen Bedingungen realisieren soll, sondern ebenso humane, gesellschaftliche und kulturelle Ideen, setzt das Interesse des Designers an. Nicht die Durchführbarkeit, sondern die Erforschung des Wünschenswerten bildet deshalb das Zentrum unserer Bemühungen.

In many cases, it is only through design that technology becomes fully functional and can unfold properly.

In order to evaluate the qualities of an object, we have to examine its original functions. Thus – to put the matter simply – we can speak of object-oriented and people-directed functions. As a general rule, in the development of an industrial product, tasks related to the object-oriented functions belong to the engineer, while those related to people belong to the designer. While the engineer has to see that the product is environmentally friendly, the designer carries the responsibility for the social factors.

In this span between technical structure and appearance, between rationality and emotion, it is the task of the designer to find a middle path. Therefore, good design means the complete satisfaction of the user's expectations with regard to both practical function and aesthetic effect. Form helps technology towards a better quality. This ultimately means that the pragmatic handling of an object is emotionally supported. A lack of harmony between rationality and emotion leads to disturbances in the use of an object.

Therefore, in the centre of our work is the research into the interaction between the technical-physical, rational and objective conditions of the world of production, as well as the socioculturally influenced expectations and perception of the user. There where industrial production is not only required to fullfill technological conditions, but also social and cultural ideas, is where the designer begins his work. The centre of our efforts is not possibility, but desire.

Durch den Prozeß des Designs werden diejenigen Komponenten eines Objektes bestimmt, die die Funktionen des Gebrauchs – die Umgangsformen, Verhaltens- und Handlungsstrukturen – maßgebend beeinflussen. Dies gilt für die alltäglichen Formen des Umgangs mit Objekten wie auch für die Abläufe von Arbeitsprozessen in der Bürowelt, in der industriellen Produktion oder in einem Operationssaal, welche ebenso die zwischenmenschlichen Beziehungen weitgehend bestimmen. Aus diesem Blickwinkel betrachtet, hat Design eine bedeutende ökonomische, kulturelle und damit gesellschaftliche Funktion.

Entsprechend des gesellschaftlichen, kulturellen und industriellen Wandels hat sich das Design entwickelt.

Um die Jahrhundertwende suchte man die Materialgerechtigkeit und eine Abkehr von einem schwülstigen Eklektizismus. In den 20er Jahren herrschte die Faszination der Technik, der reinen Funktionalität und der Möglichkeit der industriellen Serienfertigung vor.

Während in den 50er Jahren die Ingenieurwissenschaft im Mittelpunkt des beruflichen Interesses standen, hat man in den 60ern die Methodologie entdeckt. Dies wurde durch das starke Engagement für soziale Fragen in den 70ern abgelöst. Dann folgte in den 80ern die Betonung der Sinnlichkeit. Die 90er stehen unter dem Vorzeichen der digitalen Technologie.

Entsprechendes geschah auch in den Hochschulen:

Während in den 50er Jahren neben der *Entdeckung* der Ergonomie reizvolle technische Lösungen entwickelt wurden und man sich an Stapelbarkeit und Modulbausystemen erfreute, hat man in den 60ern komplizierte Planungsmethoden erprobt. So wurden – mit Netzplantechnik wie bei Großprojekten, etwa bei der Raumfahrt üblich – Wärmehauben für Kaffeekannen entwickelt.

Through the designing process, those components of an object are determined which influence the use and function of an object significantly: the mode of handling, behavioural and usage structures. This is true of the daily way of dealing with objects as also of the processes of work in offices, in industrial production or in the operating theatre – all are influenced by interpersonal relationships. Seen from this angle, design has a significant cultural, economic and also a social function.

Design has developed in pace with social, cultural and industrial change. At the turn of the century, there was a search for suitable materials and a rejection of pompous eclecticism.

In the twenties, fascination with technology reigned, together with pure functionality and the possibility of serial production in industry.

During the fifties, engineering was the zenith of professional striving and in the sixties methodology was discovered. This was followed in the seventies by engagement in social questions. Then followed in the eighties an accent on sensuality. The nineties stand under the banner of digital technology.

Progress in the universities during these decades followed a parallel path:

In the fifties, not only was ergonomy discovered, but also stackable and modular construction systems. In the sixties, there was experimentation with more complicated methods of planning: network planning was used in extensive projects, as for example, in space travel, but coffee-pot cosies were also developed.

Die 70er waren die Jahre der Hinwendung zu sozialorientierten Problemstellungen und intensiver Theoriebildung bis sie in den 80ern durch eine hedonistische Haltung und Rückwendung zur Kunst und zum Kunstgewerbe abgelöst wurden.

Wurden in den 70ern Objekte und Einrichtungen für Kindergärten und Krankenhäuser entworfen, baute man in den 80ern schräge Möbel für den Jetset.

Modische Tendenzen gehören zu unserer Kultur, sie geben emotionale Impulse, welche zu unserem täglichen Leben gehören. Allerdings spiegelt sich dies in jedem Produktbereich in unterschiedlicher Weise wider.

Mittlerweile wissen es alle, daß die Probleme nicht in dem Objekt selbst, sondern in ihrer Bedeutung in dem gesamtgesellschaftlichen Kontext liegen.

Nicht die Produkt-, sondern die Bedarfsorientierung bestimmt deshalb das Design.

Durch die handlungsprägenden Eigenschaften des Designs, die durch die Bestimmung der emotionalen Wirkung sinnlich wahrnehmbarer Objektinformationen entstehen, erfolgt ein großer Einfluß nicht nur auf die Gesamtqualität der Objektwelt, sondern dadurch auch auf das Verhalten gegenüber den Industrieprodukten im allgemeinen.

Nicht nur die Qualitäten des Gebrauchs, sei es ein Objekt oder eine Dienstleistung, können durch Design gesteigert werden, auch das Konsumieren wird maßgebend beeinflußt.

The seventies were years devoted to socially oriented problems and intensive occupation with the building of theories, until the eighties, when they were replaced by a hedonist attitude and a return to art and arts and crafts.

While in the seventies, objects and furnishings were designed for kindergartens and hospitals, in the eighties, trendy furniture was built for the jet-set.

Fashionable trends are a part of our culture. They give emotional impulses and these belong to daily life. Nevertheless, these are reflected in the area of production in a variety of ways.

Meanwhile, we all know that the problems are not to be found in the object itself, but rather in its significance in the total social context.

Therefore, not the product itself, but the demand, determines the design.

The characteristics of the design which are determined by the way it is handled (and these are the result of the emotional effect of the way the object is perceived through the senses), significantly affect not only the total quality of the world of objects, but also behaviour in general with respect to industrial products.

Not only the quality of usage, whether an object or a service, have been improved by design, but also consumers have been vitally influenced.

Ebenso werden durch das Design über die Gebrauchsfunktionen hinaus auch die Materialwahl (Rohstoffbedarf), die Technologie (Energieverbrauch), die Fertigungsmethoden (Arbeitsplätze), die Distribution bis hin zum Recycling (Emission) – also alle Stationen eines Objektes – direkt oder indirekt beeinflußt. Wenn man über Designqualität spricht, müssen alle diese Aspekte in Betracht gezogen werden.

Aus der Komplexität dieser Fragestellung läßt sich erkennen, daß der Designer auf die Zusammenarbeit mit anderen Disziplinen viel stärker als bisher angewiesen ist. Das Dreieck Designer-Ergonom-Techniker ist schon heute hoffnungslos überfordert. Die gewohnte Umsetzung der Anthropometrie in eine gefällige Form, unterstützt durch intelligente Technik, bringt keine Erkenntnisse, die für die Lösung zukünftiger Aufgaben nötig sind.

Design wurde in den letzten Jahren als ein unentbehrlicher Bestandteil der Produktqualität und dadurch als ein wesentlicher Wirtschaftsfaktor entdeckt. Die Erkenntnis, daß es mehr als nur die Gestaltung des Produktes ist, und daß der Designer eine der tragenden Säulen des Entwicklungsteams ist, etabliert sich zunehmend. Die kreativen Innovationen des Designs wurden als treibende Kraft der Wirtschaft und dadurch auch für den Strukturwandel erkannt.

Das wachsende Designinteresse seitens der Industrie in der letzten Zeit ist sicherlich auch auf diese Erkenntnis zurückzuführen.

In einer Zeit, in der die Technik immer austauschbarer wird, ist es besonders im Hinblick auf den internationalen Wettbewerb für Unternehmer unerläßlich, sich und seine Produkte durch Design zu profilieren und dies dem Nutzer auch sichtbar zu machen.

In the same way as design has been influenced, the choice of materials (the supply of raw materials), technology (energy consumption), methods of production (employment), distribution, up to recycling (emission) – that is, all the phases of production of an object – were directly or indirectly influenced. When one speaks of design quality, all these aspects must be taken into consideration.

The complexity of these questions makes us realise that the designer is dependent on cooperation with other disciplines to a much greater degree than in the past. The triangle – designer, ergonomist, and technician – is already today, hopelessly over-challenged. The transposition of anthropometry into a pleasing form, with the aid of intelligent technology, as has been the case in the past, brings no results that are of value for the future.

In recent years, design has been discovered as an indispensable part of production quality and an essential economic factor. The recognition that design is more than a blueprint for a product and that the designer is one of the main pillars of support in the developing team, has become more and more common. The creative innovations of design have been recognised as a driving force in enterprise and thus, also in structural changes.

The increasing interest in design on the part of industry in recent times, is surely also able to be traced back to this fact.

In a time when technology is more and more interchangeable, particularly with respect to international competition, is it essential for businesses to define themselves and their products through design in a way that is also recognisable by the consumer.

Für erfolgreiches Design ist allerdings designorientiertes Denken und Handeln auch des Unternehmers erforderlich. Wenn das Management eines Unternehmens einschlägig qualifiziert ist, wenn designorientiertes Denken auf allen Ebenen des Unternehmens integriert ist, erst dann sind die Voraussetzungen für erfolgreiches Design gegeben.

Wir stehen am Ende einer Epoche, in der die Anschaulichkeit der Produktfunktionen zu Ende zu gehen droht, aber die neuen adäquaten Formen, welche durch die digitale Technologie erst möglich – und verlangt – werden, noch nicht gefunden wurden.

Die Suche nach der richtigen Form von Industrie-Produkten stand immer im Interesse des Designs. So ist es kein Zufall, daß in den letzten Jahren, wo einerseits die zunehmende Dominanz der Elektronik, andererseits die allgemeine Skepsis gegenüber einseitiger Rationalität und Hinwendung zu mehr Emotionalität die Beschäftigung mit der Form und deren Wirkung in den Mittelpunkt von Designtheorie und Designpraxis rückte, diese Fragen auch in der Lehre und Forschung ihren Niederschlag gefunden haben.

Während in der mechanischen Welt aus der visuellen Nachvollziehbarkeit von Funktionen – beispielsweise bei der Handbohrmaschine aus der Struktur ihrer Bauteile – die Grundlinien der Formgestaltung quasi automatisch und einwandfrei definiert werden konnten, ist in der digitalen Welt keine ähnliche Hilfe mehr zu finden. Die Elektronik hat keine dreidimensionale Form. Dieser Verlust der Anschaulichkeit, dem heute viele Industrieprodukte unterliegen, fordert ein prinzipielles Umdenken im Design.

However, for successful design, design-oriented thinking and action is also necessary for business employers. Only when the manager of a business is appropriately trained and design-oriented thinking is integrated at all levels of the business, are the prerequisites for successful design established.

We stand at the end of an era in which the old view of product functions is threatened, but the new adequate forms which digital technology has first made possible (and which are only now being demanded) have not yet been found.

The search for the right form of industrial products has always been a matter of interest for design. Thus, it is no accident that in recent years, where, on the one hand, electronics has increasingly dominated, and, on the other hand, there has been a general scepticism towards one-sided rationality and a turning towards emotion, occupation with form and its effects has become the focus of interest in the theory and practice of design. Also in teaching and research such themes have become important.

While in the mechanical world, from the transparency of the functions, the basics of the form needed could quasi be defined automatically and accurately – e.g. the structure of the elements in the hand drill – in the digital world, there is no such aid to be found. Electronics has no three-dimensional form. The loss of this perspicuity in so many industrial products makes a new way of thinking necessary in design.

Die neue Technologie stellt neue Fragen und verlangt neue Denkweisen, aufgrund derer auch neue Sehweisen entstehen werden. Das Problem selbst allerdings ist nicht neu: Man erinnere sich nur daran, wie lange es gedauert hat, bis die Autos ihre Pferdekutschenform abgelegt haben.

Unsere künftige Welt wird sicherlich weiterhin auch gegenständliche Strukturen haben, eine Abkehr von der Hardware-Orientierung zu Gunsten der Software-Orientierung ist jedoch heute schon zentrale Fragestellung des Design-Berufes geworden.

Design wird komplexer, konzeptioneller, integrierter. Um diesen Aufgaben gewappnet zu sein, bedarf es einer engen Zusammenarbeit mit all jenen, die an Planung, Entwicklung, Produktion, Vertrieb u.a. beteiligt sind. Es werden deshalb vom Designer über die fachspezifischen, technisch-wissenschaftlichen, künstlerisch-gestalterischen entwurfsbezogenen Leistungen hinaus in zunehmendem Maße Kooperationsfähigkeit, Management- und Marketingkenntnisse erwartet.

Erwartet wird von künftigen Designern eine Haltung, Gebrauchsfunktionen, Produkte und -Systeme zu entwickeln, die ohne Verschwendung von Material und Energie gekennzeichnet sind, unter gleichzeitiger Berücksichtigung intellektueller Ressourcen, aktueller gesellschaftlicher Bedürfnisse und kultureller Strömungen.

Deshalb ist schon heute erkennbar, daß dem Designer, sowohl in wirtschaftlicher als auch in kultureller Hinsicht eine besondere Bedeutung zukommt. Daraus erwächst eine auf die Gesellschaft wirkende große Verantwortung.

The new technology asks new questions and demands new ways of thinking and the result is new ways of seeing objects. It must be admitted that the problem itself is not new: one only has to remember how long it took for cars to discard the form of horse-drawn carriages.

Our future world will certainly continue to have concrete object structures. However the turning away from a hardware-orientation to one of software has certainly become a central question of the profession of a designer.

Design is becoming more complex, more conceptual, more integrated. To be armed for these tasks, there must be a close cooperation with all those concerned in planning, development, production, distribution etc. Therefore, more and more is expected from the designer besides a knowledge of his own profession and technological-scientific, artistic-creative efforts, in the way of readiness to cooperate and knowledge of management and marketing.

What is expected of future designers is an attitude that will enable them to develop practical functions, products and systems, characterised by an economic use of material and energy; they must likewise be able to take into consideration intellectual resources, current social needs and cultural movements.

Therefore, it is obvious already today that the designer, in an economic as also a cultural sense, is of great importance. And this brings with it a great social responsibility.

50 Jahre Industrial Design in Essen

50 years Industrial Design in Essen

Hermann Sturm

Von der Folkwangschule für Gestaltung zur Universität Essen

Die Folkwangschule für Gestaltung
nach 1948

1946 hatten der Kunstausschuß der Stadt Essen, der Kulturbund und andere Organisationen sich für die Wiedereröffnung einer Schule für Gestaltung entschieden, und so beschloß 1948 der Kulturausschuß der Stadt Essen die Einrichtung der Folkwangschule für Gestaltung im ehemaligen Abtei-Gebäude in Essen Werden.

Am 28. Februar 1948 wurde Hermann Schardt unter Verleihung der Titularprofessur mit der Leitung der Schule beauftragt. Eingerichtet wurden zunächst die Abteilungen für Innenarchitektur, Grafik, Buchbinderei, gestalterische Metallberufe und Malerei. Die räumlichen Verhältnisse waren unzureichend, die Ausstattung mangelhaft und nur langsam konnten die Gebäude für Ateliers und Werkstätten hergerichtet werden. Von außen kommende Unterstützung wurde nicht zuletzt durch die schnell wachsenden Unterrichtserfolge begünstigt, die sich in Ausstellungen manifestierten, und die das Interesse von Besuchern aus dem In- und Ausland fanden.

1948 erklärte der Direktor Hermann Schardt programmatisch als Auftrag der Schule: Bejahung der zweckgebundenen Aufgaben, Gestaltung handwerklicher und maschineller Erzeugnisse, mit künstlerischem Gewissen durchdacht und geformt; Verneinung der ausschließlich künstlerischen Ambitionen und ästhetisierenden Passionen von Einzelgängern.

Abtei-Gebäude in Essen Werden
Former abbey buildings in Essen Werden

From the Folkwangschule für Gestaltung to the University of Essen

The Folkwangschule für Gestaltung
after 1948

In 1946, the Art Association of the city of Essen, the Cultural Committee and some other organisations made the decision to reopen a school of design. Accordingly, in 1948, the Cultural Committee chose the former abbey buildings in Essen Werden as the site of the Folkwangschule für Gestaltung.

On the 28th February, 1948, Hermann Schardt, as honorary professor, became the first director of the school. The first departments to be established were Interior Design, Graphics, Bookbinding, Metal Design and Painting. There was far too little space; furniture and equipment were inadequate and the building of studios and workshops proceeded very slowly. However, rapidly developing academic success, manifested in exhibitions that attracted the attention of visitors both from Germany and abroad, was a significant factor in attracting support from outside the school.

In 1948, Director Schardt formally stated the aim of the school: the strong encouragement of purposeful tasks; the designing of hand- and machinemade products, conceived and executed with artistic conscientiousness; the rejection of the purely artistic ambitions and aesthetic passions of individuals.

Den Lehrauftrag der Schule formulierte Schardt (1950) zusammenfassend:

Die geistig-musische und ethisch-soziale Persönlichkeitsbildung soll die Studierenden befähigen, später als Werkschöpfer mit verantwortungsbewußter und verpflichtungsstolzer innerer Haltung am Wiederaufbau unserer Umwelt mitzuwirken und den Dingen, die man ihnen zur Formung anvertraut, wirkungs- und wertvolle Gestalt zu verleihen.

Die Werkgruppe Industrieform

1949 war Werner Glasenapp mit dem Aufbau der Werkgruppe Industrieform – sie hieß zunächst Metall-Werkgruppe für industrielle und handwerkliche Formgebung – beauftragt worden. Glasenapp entwickelte ein Studienprogramm, das dem Experiment im Bildungsprozeß einen wichtigen Ort zuwies, wobei er den Gestaltungsgrundlagen, dem Vorkurs, besondere Bedeutung beimaß und hier einige Akzente setzte, die mit der Vorlehre von Max Burchartz (ebenfalls seit 1949 an der Folkwangschule, er war bereits vor 1933 hier als Lehrer tätig) harmonierten und die sich gegenseitig ergänzten.

Glasenapp sah sich in der Rolle eines Katalysators. In ständigem Dialog und in Diskussionen sollten sich die Studierenden gegenseitig kritisch anregen. Der souveräne Umgang mit technischen und gestalterischen Problemen über fachliche Grenzen hinaus richtete sich auf eine lebendige Beziehung zwischen Mensch und Umwelt. Dieser Ansatz schlug sich in der Ausbildung auch darin nieder, daß soziologische Untersuchungen, Umweltanalysen und Produktplanung bereits zu diesem frühen Zeitpunkt Voraussetzungen für die Produktgestaltung bildeten. Der offene Charakter seiner Lehre läßt sich an den mit den Studierenden durchgeführten Projekten wie auch an seiner eigenen Tätigkeit als Designer ablesen.

The teaching commitment of the school was further summed up by Schardt in 1950:

The formation of his intellectual muse and his social ethic should help the student to achieve a personality to enable him at a later stage to participate responsibly and proudly as a creative worker in the rebuilding of our environment. This inner attitude will likewise help him to give an effective and valuable form to the objects whose designing is entrusted to his hands.

Workshop Industrial Design

In 1949 Werner Glasenapp was delegated to set up this group – at first it was called Metal-Workshop for Industrial and Craft design. Glasenapp developed a syllabus which lent emphasis to experimentation in the educational process, whereby he stressed particularly the importance of design fundamentals in the basic course; here he gave an accent which harmonised with, and supplemented the earlier theory of Max Burchartz who had been a teacher at the Folkwangschule before 1933 and had returned in 1949.

Glasenapp saw his role as that of a catalyst. Students should stimulate their ideas in constant, critical dialogues and discussions with one other. Sovereignty in handling problems of technology and design, outside the boundaries of a particular subject, pointed to a living relationship between man and his environment. This starting point affected the study course, in that sociological investigations, environmental analyses and product planning were introduced at a very early stage as a prerequisite for product design. Glasenapp's student projects and his own activities as a designer both indicate the open character of his teaching method.

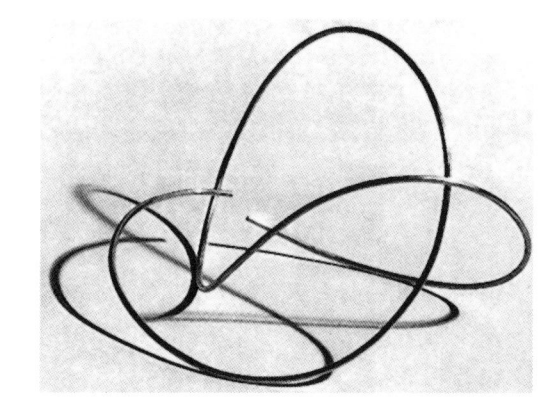

Folkwang-Schulmöbel
Folkwang-school furniture
1950

Werner Glasenapp
Werkgruppenleiter
Industrieform

Die sich rasch entwickelnde, positive Außenwirkung der Schule verdankte sich auch der öffentlichen Präsentation der Arbeitsergebnisse, die die erfolgreiche Zusammenarbeit mit der Industrie dokumentierten, und sie verdankte sich der Präsenz und der aktiven Beteiligung der Dozenten an Diskussionen und Kongressen zu Fragen der Ausbildung und der Perspektiven im Design. So beteiligten sich am Internationalen Kongreß für Formgebung, veranstaltet vom Rat für Formgebung in Darmstadt, Max Burchartz, Werner Graeff, Werner Glasenapp und Professor Dr. Carl Hundhausen mit Beiträgen. 1959 wird das Fach Wirtschaftliche Werbelehre eingeführt und von Hundhausen unterrichtet. In den folgenden Jahren nimmt die Abteilung Industrieform an zahlreichen überregionalen und internationalen Veranstaltungen und Ausstellungen teil.

Die ersten Jahrzehnte – Daten zur Entwicklung der Werkgruppe Industrieform

1969 wird Werner Glasenapp in den Ruhestand verabschiedet. Bereits 1965 war Stefan Lengyel, Absolvent der Hochschule für Gestaltung Budapest, als Dozent für Produktentwicklung gewonnen worden. Ein Jahr später, 1966, wurde die Abteilung Industrieform als eine von siebzehn Designschulen aus aller Welt zur Teilnahme an der Industrial Design Ausstellung der EXPO '67 in Montreal auf Vorschlag des ICSID eingeladen. Die dazu entstandenen Arbeiten sind publiziert (u.a. in: form 37, 1967) und in einem Film des International Council of Industrial Design (ICSID) dokumentiert worden.

The school quickly acquired a positive public image and this was due in no small way to exhibitions of the work carried out – these documented the successful cooperation with industry. Likewise, the school was enriched by the presence and the active participation of lecturers in discussions and congresses where questions of education and design perspectives were dealt with. Thus, Max Buchartz, Werner Graeff, Werner Glasenapp and Professor Dr. Carl Hundhausen gave lectures at the International Design Congress, organised by the Council of Design in Darmstadt. In 1959 a course in Commercial Advertisement was introduced and taught by Hundhausen. In the following years, the Department of Industrial Design participated in a multitude of national and international events.

The first decades – milestones in the development of the workshop for Industrial Design

In 1969 Werner Glassenapp retired. Already in 1965, Stefan Lengyel, a graduate of the Budapest School of Design, had been employed as a lecturer in product development. One year later, 1966, the Department of Industrial Design was one of seventeen international schools of design invited to participate in the exhibition of industrial design at EXPO '67 in Montreal, on the recommendation of ICSID. The works produced for this exhibition have been published (among other magazines, in form 37, 1967) and also filmed by the International Council of Industrial Design (ICSID).

Exemplary Projects
1949-1969

Folkwang-school furniture
1950

As a result of the practical necessity of furnishing the school, the workshop, Industrial Design, planned and manufactured chairs, tables and easels, made from materials available at that time: technically simple to manufacture, robust and cheap.

Exemplarische Projekte
1949–69

Seating for the Westfalenhalle in Dortmund
1951

Folkwang-Schulmöbel
1950

The same criteria as for the school furniture were used here in an extended or different form, necessitated by the need for flexibility in construction and assembly; the chairs had also to be stackable. 100 of these chairs could be stored in one square metre. At the time, this chair was described as the most interesting chair in Europe.

Infolge der praktischen Notwendigkeit, die Schule mit Mobiliar auszustatten, wurden in der Werkgruppe Industrieform Stühle, Tische, Staffeleien entwickelt und hergestellt, die aus damals verfügbaren Materialien bestanden, herstellungstechnisch einfach, im Gebrauch stabil und in den Kosten niedrig waren.

Drawing board lamp
1952

The design of the handle and mounting and the form as a whole, illustrate subtle possibilities for three-dimensional form, in relation to practical requirements; these possibilities led to a general conclusive solution which today, makes it possible for us to understand the aims of designs of that period.

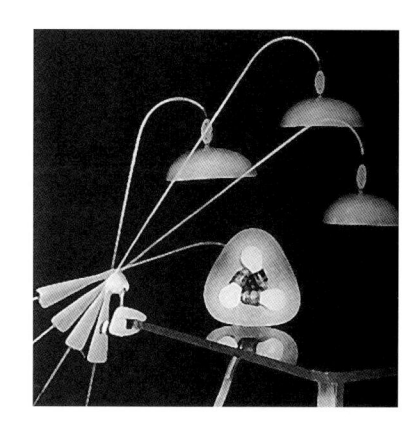

Zeichentischleuchte
Drawing board lamp
1952

Bestuhlung der Westfalenhalle in Dortmund
1951

Hier galten dieselben Kriterien wie bei den Schulmöbeln, allerdings erweitert bzw. differenziert durch die Zweckbestimmung von Flexibilität in Aufbau und Montage; bei den Stühlen galt ferner das Kriterium der Stapelbarkeit. Es konnten von diesen Stühlen einhundert Einheiten auf einem Quadratmeter untergebracht werden. Der Stuhl wurde damals als interessantester Stuhl Europas bezeichnet.

Zeichentischleuchte
1952

Die Gestaltung von Griff, Halterung und Gesamtform läßt subtile Studien plastischer Formmöglichkeiten im Zusammenhang mit bestimmten Gebrauchsmöglichkeiten erkennen, die zu einer schlüssigen Gesamtlösung führten und darüberhinaus, aus heutiger Sicht, auch die gestalterischen Intentionen der Zeit sichtbar machen.

Bestuhlung der Westfalenhalle in Dortmund
Seating for the Westfalenhalle in Dortmund
1951

Montage Einheiten für eine flexible Tribüne in der Schwarzwaldhalle in Karlsruhe
1954

Realisiert wird auf eindrucksvolle Weise das komplexe Problem der Montier- und Demontierbarkeit sowie der Stapelbarkeit der Elemente bei entsprechend einzuhaltender Belastbarkeit.

Elektrische Kaffeemühle mit Schlagmesser
1957

Bei dieser Kaffeemühle für die Firma Krups wurden insbesondere fertigungstechnische Minimierungen berücksichtigt. Sie war daher besonders preisgünstig.

Elektrische Kaffemühle 'Cottina'
1959/60

Innerhalb weniger Jahre wurde diese Kaffeemühle der Firma Onko zur millionenfach verkauften Kaffeemühle in Deutschland.

Assembly Units for an Adaptable Grandstand for the Schwarzwaldhalle in Karlsruhe
1954

In a spectacular way, the complex problems of assembly and dismantling, of the need for stackabilty of the elements and of the load-bearing factors were solved.

Electric Coffee Grinder with a Blade
1957

In designing this grinder for the Krups Company, particular attention was paid to minimizing manufacturing steps and this made the price very attractive.

Electric Coffee Grinder 'Cottina'
1959/60

Within a few years, millions of these grinders were sold in Germany by the Onko company.

Montage Einheiten für eine flexible Tribüne in der Schwarzwaldhalle in Karlsruhe
Assembly units for a flexible stand in the Schwarzwaldhalle in Karlsruhe
1954

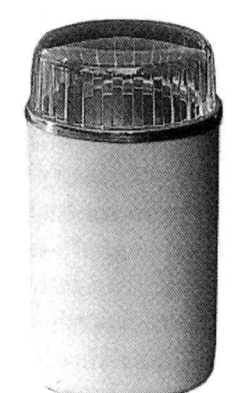

Elektrische Kaffeemühle 'Cottina'
Electric coffee grinder 'Cottina'
1959/60

Onko

Elektrische Kaffeemühle mit Schlagmesser
Electric coffee grinder with a blade
1957

Krups

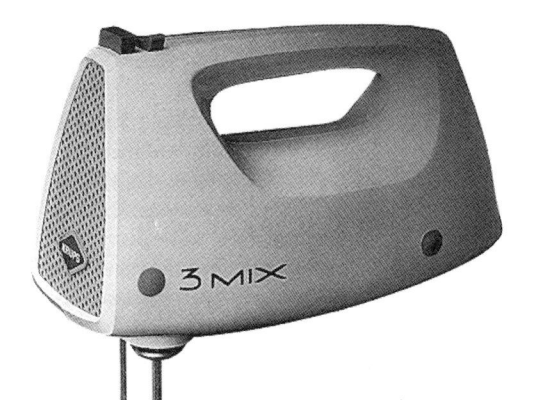

**Elektronisches
Handrührgerät
'3Mix'**
Hand mixer '3Mix'
1959

Krups Electric

**Elektrisches Handrührgerät '3 Mix'
für die Firma Krups**
1959

Das Produkt stand am Ende einer in kleinen Schritten angelegten systematischen Reihe von Untersuchungen und Entwürfen, die ergonomische, technische und gestalterische Aspekte berücksichtigten und schließlich in einer überzeugenden Lösung integrierten.

Automobil-Design
ab 1965

Mit Unterstützung der Firma Ford, Köln, wurden systematische Untersuchungen zum Automobil und seiner Formgebung unter unterschiedlichen Anforderungen durchgeführt. Bei dem internationalen Wettbewerb *Das Auto von morgen* (1967) waren zahlreiche Preise an Essener Studierende vergeben worden.

*Electric Hand Mixer '3 Mix' for the
Krups Company*
1959

This was the endproduct of a systematic series of investigations and draughts, carried out in small steps to integrate ergonomic, technical and design aspects into a convincing solution.

Car Design
since 1965

With the support of the Ford Company in Cologne, systematic investigations of cars and car design, for different requirements, were conducted. Essen students won numerous prizes in the international competition Car of tomorrow, *1967.*

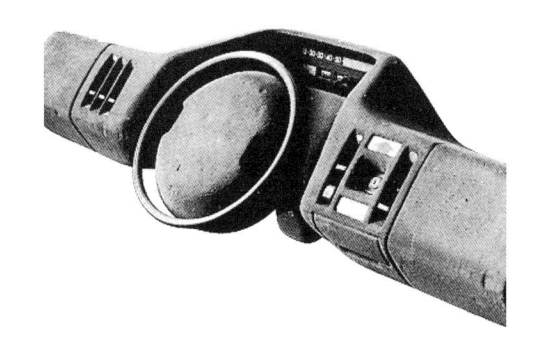

Automobil-Design
Car design
1965

**Das Auto von morgen,
Automobil-Design**
*Car of tomorrow,
Car design*
1965

**Sitz- und
Spielelemente
aus Kunststoff**
*Plastic seating
and toys*
1967

**Das Kleinkind und seine Umwelt
– Projekt für die Weltausstellung
EXPO '67 in Montreal**
Dozenten:
Werner Glasenapp und Stefan Lengyel

Der ICSID (International Council of Societies of Industrial Design) demonstrierte in seinem Sonderpavillon auf der Weltausstellung 1967 in Montreal die Untersuchungsmethoden von achtzehn ausgewählten Schulen der ganzen Welt für die Ausbildung des Industrial Designers. Aus der Bundesrepublik war neben der Folkwangschule die Hochschule für Gestaltung Ulm eingeladen. Im Rahmen des Gesamtthemas Der *Mensch und seine Umwelt* wählten die Designer der Folkwangschule das Thema *Das Kleinkind und seine Umwelt*. Nach Untersuchungen zur sozialen Umwelt von Kleinkindern und den sich aus der nicht kindgemäßen Umwelt ergebenden Unfallgefahren, sowie nach anthropometrischen Studien bei Kindern, ihrer geistigen Entwicklung und ihren körperlichen Wachstumsprozesse wurden in den einzelnen Semestern Projekte konzipiert und Lösungen entwickelt:

· Sitz- und Spielelemente aus Kunststoff als modulares System eines Quader-Spielelements mit verschiedenen Sitzhöhen, die sich den Körpermaßen anpassen. Die Kunststoffversuche wurden mit der anwendungstechnischen Abteilung der Chemischen Werke Hüls durchgeführt. Fragen der Farbgebung sind zusammen mit dem Psychologischen Institut der Universität Münster geklärt worden.

· Zur Absicherung von Fenstern und Türen sowie zum Bau eines Laufstalls wurde ein Gitter entwickelt, das aus zusammensteckbaren Rohren und Verbindungselementen bestand.

· Ein treppengängiger Kinderwagen: während sich die Räder der Treppenneigung anpassen, bleibt der Kinderwagenkorb immer waagrecht. Der Korb dient auch als Sicherheitssitz im Auto.

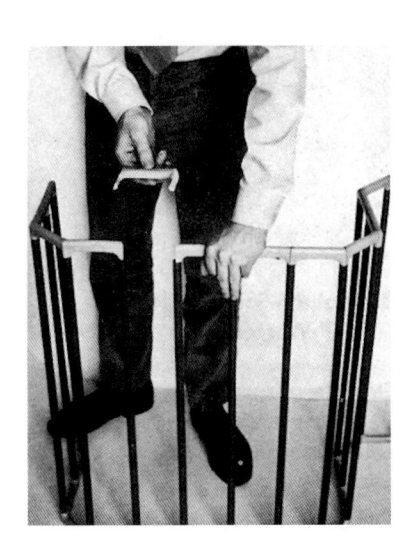

Laufstall
Playpen
1967

*The Small Child and his Environment
– Project for the World Fair, EXPO '67
in Montreal.*
Lecturers:
Werner Glasenapp and Stefan Lengyel

The ICSID (International Council of Societies of Industrial Design) demonstrated research methods in the teaching of industrial designers in 18 institutions, chosen worldwide, in a special pavillion at the World Fair in Montreal in 1967. The Folkwangschule and the Hochschule für Gestaltung in Ulm were invited from West Germany. The overall theme was Man and his Environment *and, within this framework, the designers at the Folkwangschule, chose the theme* The Small Child and his Environment. *After investigating the social environment of small children and the dangers of their accident prone environment, as well as anthropometric studies of the intellectual and physical development of children, in various semesters, projects were planned and problem solutions developed:*

*· Plastic seating with play elements – this was a modular system with a cuboid play element allowing various height adjustments for the growing child. All the experiments with plastics were carried out in cooperation with the Department for Applied Chemistry at the Hüls factory. Questions of colour were settled in consultation with the Institute of
Psychology at the University of Münster.*

· A grille that could be assembled from tubes and connecting elements and built into a playpen, or to bar doors and windows.

· A pram that could be pushed up and down stairs: the wheels adapt to the height of the stairs, but the body of the pram remains horizontal. The body of the pram can also be used as a car safety seat.

**Treppengängiger
Kinderwagen**
Baby-carriage
1967

Entwicklungen und Veränderungen
ab 1969

Nach der Pensionierung von Werner Glasenapp war Stefan Lengyel zum Leiter des Studiengangs Industrialdesign berufen worden. Stefan Lengyel mit Diplomabschluß der Hochschule für Gestaltung Budapest, war vor seiner Lehrtätigkeit in Essen an der Hochschule für Gestaltung in Ulm tätig. Eine Reihe von Gastdozenten ergänzten und erweiterten in den folgenden Jahren das Lehrangebot. 1969 waren Martin Rapp und Wolfgang Röver als Mitarbeiter für Modellbau bzw. Organisation und 1979 Steffen Boeckmann als Dozent eingestellt worden.

Die in der Mitte der sechziger Jahre von Dozenten der Werkgruppe betreuten und initiierten Projekte machen aus heutiger Sicht deutlich, daß die Gestalter sehr früh und sehr sensibel die sich abzeichnenden gesellschaftlichen Veränderungen aufgenommen und in gestalterische Konzeptionen umgesetzt haben. Das heißt, in den Mittelpunkt gestalterischer Interessen rückten neben Projekten mit unmittelbarem Kontakt zur Industrie, Projekte und Themen von allgemeinem, öffentlichem Interesse. Dieses Interesse hatte sich bereits bei dem Projekt für die EXPO '67 Kind und Umwelt gezeigt und es setzte sich nun fort mit Projekten wie Abfallbeseitigung, öffentliche Verkehrsmittel, (z.B. Bundesbahn-Sonderwagen 'Treff-Waggon', Stadtbahn), Kinderspielplatz, Krankenhauslabor, Schulmöbel etc. Dabei wurden die bereits in Ansätzen praktizierten, interdisziplinären Arbeitsweisen verstärkt entwickelt und projekt- und problembezogen weiter ausgebaut und vertieft. Viele der entwickelten Designprojekte waren zur damaligen Zeit gestalterisch, aber auch technisch und funktional neuartig, was nicht zuletzt durch zahlreiche renommierte Designpreise öffentliche Anerkennung fand.

Developments and Changes
since 1969

After Werner Glasenapp retired in 1969, Stefan Lengyel was appointed as new head of the Indusrial Design department. Lengyel graduated from the School of Design in Budapest and worked at the Hochschule für Gestaltung in Ulm before taking up a position in Essen. In subsequent years, a series of guest-lecturers supplemented and expanded the courses offered. In 1969 Martin Rapp and Wolfgang Röver taught modelmaking and organization respectively. In 1979, Steffen Boeckmann was appointed as senior lecturer.

From our point of view today, it is very clear that the projects initiated and supervised by lecturers in the mid-sixties show that designers very early and very sensitively perceived social changes and transferred them into design concepts. This means that design interests moved into the centre of interest alongside projects with immediate contacts to industry. This interest was already apparent in the project for the EXPO '67, The Child and his Environment, and it was then continued in projects such as Rubbish Disposal, Public Transport (e.g. a special coach for the German Railways 'Treff-Waggon', in city trains), Children's Playground, Hospital Laboratory, School Furniture etc. At the same time interdisciplinary working methods which had already been initially introduced, were more intensively developed and extended further in relation to relevant problems and projects. Many of these design projects were, at that time, new in design, but also in technology and function. These aspects were publicly recognised by the awarding of a number of famous design prizes.

Projekt, Abfallbeseitigung
Project, Rubbish disposal system
1967

Unruhe breitete sich in der Folkwangschule für Gestaltung in Werden aus, als mit der Verabschiedung eines neuen Hochschulgesetzes die Lehrenden und Studierenden engagiert in Schriften, Aktionen und Demonstrationen dafür eintraten, daß die Folkwangschule für Gestaltung einen eigenen Hochschulstatus erhalten sollte. Trotz der Proteste wird die Folkwangschule für Gestaltung 1971 als Fachbereich der neu gebildeten Fachhochschule eingegliedert. Sie wird schließlich mit der Gründung der Universität Essen am 1. August 1972 Teil dieser Hochschule. Die ehemalige Folkwangschule für Gestaltung bildet seitdem mit ihren Studiengängen Industrial Design und Kommunikationsdesign zusammen mit den Lehramtsstudiengängen Kunst und Gestaltungstechnik sowie Musik den Fachbereich 4, Gestaltung, Kunsterziehung der Universität Essen.

Industrial Design im Fachbereich 4, Gestaltung und Kunsterziehung

Mit der Entscheidung der Landesregierung von Nordrhein Westfalen, die Folkwangschule für Gestaltung in die Universität zu integrieren, waren entscheidende Veränderungen verbunden, die hier nur stichwortartig benannt werden können.

Der den Lehrenden wie den Studierenden lieb gewordene Standort in der Abtei in Essen Werden mußte zugunsten des Umzugs auf die Hauptbaufläche im Segeroth aufgegeben werden. Dabei ergab sich allerdings auch die Möglichkeit einer entscheidenden Verbesserung der technischen und apparativen Ausstattung der Labors und der Werkstätten.

Sonderwagen 'Treff-Wagen'
Special 'Treff-Waggon' railway coach
1967
Bundesbahn

Students and teachers responded energetically to the passing of a new University Bill, and Werden was disturbed by the demand, through letters, campaigns and demonstrations, that the Folkwangschule be given the status of an independent Hochschule. However, in spite of protest, in 1971 the Folkwangschule für Gestaltung was integrated as a department into the newly grounded Technical College. With the founding of the University of Essen on 1st August, 1972, it ultimately became a part of this institution. Since then, the former Folkwangschule für Gestaltung, with two subject courses in Industrial Design and Communication Design, together with Teacher Training courses in Art and Design Technology, as also in Music, forms Fachbereich 4, Design and Art Education of the University of Essen.

Industrial Design in Fachbereich 4, Art and Art Education

The decision of the State Government of North Rhine Westfalia to integrate the Folkwangschule into the University of Essen, necessitated many decisive changes and these can only be briefly dealt with here.

The abbey location, beloved by students and teachers alike, had to be given up in favour of a location on the main university campus in Segeroth. It must be noted that hereby there was a possibility to improve significantly the technology and apparatus in the laboratories and workshops.

Die bundesweit geführte Diskussion – u. a. angeregt und nachhaltig unterstützt vom Verband Deutscher Industrie Designer (VDID) – über eine Verbesserung der Designausbildung durch Konzentration sowohl der personellen als auch der Sachmittel, führte in Nordrhein-Westfalen im Jahre 1978 im Industrial Design zur Schwerpunktbildung an einem Standort: an der Essener Hochschule. Die auf der Basis der intensiven Diskussion der Lehrenden im Industrial Design an nordrhein-westfälischen Fachhochschulen erarbeitete Konzeption bildete eine weitere Grundlage für die Entscheidung im Wissenschaftsministerium NRW für die Schwerpunktbildung im Industrial Design.

Die Lehrenden im Industrial Design (die Professoren Rainer Bergmann – Entwurf, Ulrich Burandt – Ergonomie, Klaus Dombrowski – Gestaltungsgrundlagen, Klaus Fleischmann – Entwurf, Erich Geyer – Produktplanung und Designmanagement, Friedbert Obitz – Entwurf) von den verschiedenen Fachhochschulen nahmen 1978 ihre Arbeit in Essen auf. Mit dieser Konzentration im Industrial Design in Essen wurde (wie auch für Kommunikationsdesign) im Jahr 1978 der integrierte Studiengang Diplom-Design (DII) neu eingerichtet. Hierbei wurde der Status des Diploms auf Universitätsniveau angehoben. Auf die neu eingerichtete ordentliche Professur für Industrial Design wurde 1981 Stefan Lengyel berufen.

Um die für das Industrial Design grundlegende Interdisziplinarität zu fördern, wurden die Kontakte zu anderen Fachbereichen der Universität weiter vertieft, auch in der Form von gemeinsamen Entwicklungs- und Forschungsprojekten.

Es begann die Forschung mit der Okulometrie mit den wissenschaftlichen Mitarbeitern am Lehrstuhl: Attila Bruckner 1981-86, Norbert Hammer 1986-96, seit 1996 Susanne Merzkirch.

Nach der Pensionierung von Erich Geyer wurde das Fachgebiet Designmanagement durch Norbert Hammer, dann durch Susanne Merzkirch weiterentwickelt.

Durch die Berufung von Jürgen Junginger 1991 für das Fachgebiet Darstellung wurde das computergestützte Arbeiten ausgebaut.

The discussion, carried out nationwide and initiated and strongly supported (among other bodies), by the Union of German Industrial Designers (VDID) – concerning a possible improvement of design education through the concentration of teachers and funds, led in North Rhine-Westfalia in 1978, to specialisation in Industrial Design and the Essen University was chosen as the centre. A concept was worked out on the basis of discussions among teachers of industrial design in Design Colleges in North Rhine Westfalia. This concept provided a further basis for the NRW Ministry of Culture to decide upon further specialisiation centres in industrial design.

Teachers of industrial design from different Design Colleges began work in Essen in 1978: Basic of Design the Professors: Klaus Dombrowski – Design, Klaus Fleischmann, Rainer Bergmann and Friedbert Obitz – Ergonomics, Ulrich Burandt – Product Planning, Erich Geyer. This concentration on industrial design (as also communication design) enabled Essen to establish in 1978 a new, integrated course of studies to be known as Diploma of Design (DII). Thereby, the standard was raised to the niveau of a university diploma. In 1981 Professor Stefan Lengyel was appointed to the newly established Chair of Industrial Design.

In order to promote the interdisciplinary cooperation which was at the base of Industrial Design, contact to other university faculties was intensified, also in the form of common developmental and research projects.

Research was begun in Oculometry by assistant lecturers: Attila Bruckner 1981-1986, Norbert Hammer 1986-1996, and since 1996, Susanne Merzkirch.

After the retirement of Erich Geyer, the study course in Design Management was carried on by Norbert Hammer and then further developed by Susanne Merzkirch.

With the appointment of Jürgen Junginger in 1991 to the Study Course in representation, computer aided work was extended.

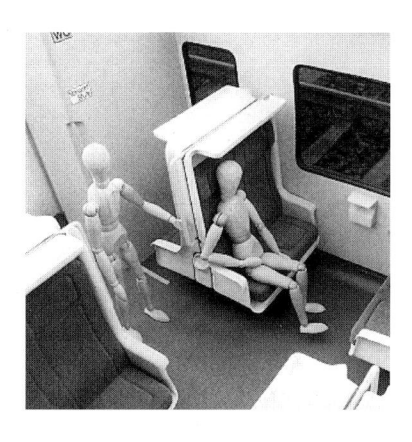

S-Bahn
Local railway
1967

Einer der Schwerpunkte der Essener Ausbildung, das von Ulrich Burandt aufgebaute Lehrgebiet Ergonomie, wurde nach seiner Pensionierung 1996 von Ralph Bruder übernommen und weiter intensiviert. Die Lehre und Forschung in Ergonomie für Designer bildet in Essen einen besonderen Schwerpunkt.

Eine Vielzahl von renommierten Designpreisen und internationalen Wettbewerbserfolgen konnte von Studierenden des Industrial Design in Essen gewonnen werden, was auch nach außen hin die besondere Leistungsfähigkeit des Studienganges sowohl in der Lehre als auch in der Forschung dokumentiert. (Eine Zusammenstellung dazu, s. Seite 170-173) Dazu trugen und tragen die zahlreichen Kontakte zu Hochschulen im In- und Ausland und deren Ausbildungs- und Forschungseinrichtungen, Teilnahme an Symposien im In- und Ausland (wie u.a. die Einladung Stefan Lengyel von der IDCA International Design Conference in Aspen, USA, The Prepared Professional, 1982 zum Symposium und zur Präsentation des Ausbildungskonzeptes von Essen (neben IIT Chicago, Art Center College Passadena und Crambrook Academy III), wie auch die in Essen durchgeführten Veranstaltungen (u.a. in Zusammenarbeit mit dem Design Zentrum NRW und dem Verband Deutscher Industrie Designer, VDID) wesentlich bei.

Um die internationalen Kontakte weiter auszubauen, wurde 1984 mit den Designschulen Genk und Lüttich aus Belgien sowie Eindhoven aus Holland IDEM (Internationales Design Education Meeting) gegründet.

Als Mitglied in das Advisory Board des Internationalen Post-Graduate-Studienganges *Design Leadership* der University of Art and Design in Helsinki wird Stefan Lengyel 1990 berufen.

Einen ersten, zusammenfassenden Überblick über vierzig Jahre Industrial Design in Essen gab die Ausstellung, begleitet von einem dreitägigen Symposium, 'Design Schnittpunkt Essen', 1949-1989 'Von der Folkwangschule für Gestaltung zur Universität Essen' und insbesondere das von Stefan Lengyel und Hermann Sturm dazu herausgegebene Buch mit dem gleichnamigen Titel (Verlag Ernst & Sohn, Berlin 1989).

One of the special features of education in Essen is the study course on Ergonomics, established by Ulrich Burandt and after his retirement, taken over and extended by Ralph Bruder. Teaching and research in Ergonomy for designers is a particular focus point in Essen.

Essen students of industrial design have won myriad, well-known design prizes in international competitions and this provides an objective confirmation of the particular effectiveness of the education given in this department. (for a synopsis, please see page 170-173) The numerous contacts to similar national and international institutions and to their educational and research facilities (as, for example, an invitation to Professor Stefan Lengyel by the IDCA in Aspen, USA, The Prepared Professional, 1982 to the symposium and a presentation of the Essen teaching concept at IIT Chicago, Art Center College Passadena and Crambrook Academy III) has been a major contributor to this success, as also colloqiums and symposiums conducted in Essen (among these in cooperation with the Design Centre in NRW and the union of German Industrial Designers, VDID).

In order to extend international contacts, in 1984 the Internatioal Design Education Meeting was founded in cooperation with design schools in Genk and Lüttich in Belgien and Eindhoven in Holland.

Professor Stefan Lengyel was a member of the Advisory Board of the International Post-graduate Studies, Design Leadership at the University of Helsinki in 1990.

The exhibition, 'Design Crossroads Essen', 1949-1989: 'From the Folkwangschule für Gestaltung to the University of Essen', provided a first, summarised view of forty years of Industrial Design in Essen, as does the book of the same title, edited by Hermann Sturm and Stefan Lengyel, (published by Ernst & Sohn, Berlin 1989).

Es folgten weitere Veranstaltungen zu spezifischen, aber auch allgemeinen Fragen des Designs, so das Symposium 'Das Design Europas' 1994. Das Ziel dabei war doppelsinnig. Gemeint war einmal die Innovationsleistung europäischer Designer; sodann aber auch der politische Auftrag, die große Wirtschaftsregion Ruhrgebiet als Kultur- und Lebenswelt zu gestalten. Die Veranstalter (die Professoren Bolz, Lengyel und Sturm) wollten deshalb die Gestalter der alltäglichen Gebrauchswelt und die Gestalter der politischen Welt in einen Dialog bringen. Politiker (Otto Schily, SPD; Heiner Geißler, CDU; Joschka Fischer, Bündnis 90/Die Grünen und Uta Würfel F.D.P.) und Designer (aus Frankreich, Italien, Japan, Österreich, Spanien und Ungarn) sollten Europa als Feld gemeinsamer Schnittmenge ihrer Arbeit definieren.

Auf Initiative von Y. Sotamaa, Helsinki; J. Lucassen, Eindhoven und Stefan Lengyel, Essen wird 1995 das Forschungsprogramm *Fellowship im Industrial Design* unter Einbeziehung des Royal College of Art London und Hochschule der Künste Berlin gegründet.

Als Hommage zum sechzigsten Geburtstag von Stefan Lengyel fand im Oktober 1997 im Designzentrum NRW auf Zollverein ein internationales Kolloquium zum Thema 'Geste & Gewissen im Design' statt, dessen Ergebnisse gleichfalls in einem Buch dokumentiert sind (Hermann Sturm (Herausgeber): 'Geste & Gewissen im Design', Dumont Verlag, Köln 1998).

Designwissenschaft als Theorie und Geschichte des Designs

Die Herausforderung der gestalterischen Arbeit in einer wissenschaftlichen Hochschule hat sich in den vergangenen Jahren als fruchtbar erwiesen. Die Chancen liegen in direkten, interdisziplinären Kooperationsmöglichkeiten mit anderen Fachbereichen. Solche Kooperation ist heute angesichts zunehmender Komplexität von Gestaltungsaufgaben unerläßlich geworden.

There followed many further events dealing with both general and specific questions of design. An example is the symposium, 'European Design' in 1994. The goal was twofold: what was meant was the innovative achievements of European designers, but also the political commission to design the large industrial Ruhr region as a world with its own culture and its own style of life. Because of this, the organisers, (Professors Dr. Bolz, Lengyel and Sturm) wanted to arrange a dialogue between the designers of the everyday world and the designers of the political world. Politicians (Otto Schily, SPD; Heiner Geißler, CDU; Joschka Fischer Bündnis 90/Die Grünen and Uta Würfel FDP) and designers (from France, Italy, Austria, Spain, Hungary and Japan) were asked to define Europe as the field of the overlapping areas of their work.

On the initiative of Y. Sotamaa Helsinki, J. Lucassen Eindhoven and Stefan Lengyel Essen, the research programme, Fellowship in Industrial Design, in cooperation with the Royal College of Art London and the Hochschule der Künste Berlin, was founded.

In honour of the sixtieth birthday of Stefan Lengyel in October, 1997, an international colloquium was held at the NRW Centre of Design in the Zollverein. The theme was Gesture and Conscience in Design. The results have been published in a book of the same title, edited by Hermann Sturm (Dumont Publishing House, Cologne 1998).

Science Design as the Theory and History of Design.

The challenge given by work in design in an academic university has, in past years, proved very fruitful. New chances are offered by direct, interdisciplinary possibilities for cooperation with other departments. Today, in the face of the increasing complexity of design tasks, such cooperation has become essential.

Um die neuen und erkennbaren Herausforderungen des Designs bestehen zu können, bedarf es einer Fundierung und Begleitung der Praxis durch Theorie. Daraus ergab sich für Forschung und Lehre im Design die Notwendigkeit der Entwicklung designwissenschaftlicher Grundlagen und Forschungsansätze in Auseinandersetzung mit entsprechenden internationalen designwissenschaftlichen Projekten und Forschungseinrichtungen (so u.a. mit der Society for Science of Design Studies, an der Musashino Art University, School of Science of Design, Tokyo und der Abteilung Design Research an der University of Art & Design, Helsinki).

1998 haben Rektorat und Senat der Universität Essen der Einrichtung eines Instituts für Kunst- und Designwissenschaften (IKUD) zugestimmt. Mitglieder des Instituts sind: Prof. Hermann Sturm, Institutsleiter, Prof. Dr. Norbert Bolz, Prof. Dr. Doris Schuhmacher-Chilla, Prof. Dr. Herta Wolf, Prof. Dr. Thomas Zaunschirm und die Wissenschaftlichen Mitarbeiterinnen Susanne Düchting (MA) und Annegret Gerleit (MA) sowie Immanuel Chi (Dipl. Designer).

Das Institut hat als wissenschaftliche Einrichtung die Aufgabe, Forschung und Lehre in den Theoriefächern der Kunst- und Designwissenschaften zu betreiben und mit außeruniversitären Einrichtungen auch im Interesse des Forschungstransfers zusammenzuarbeiten. (Zum Konzept einer Designwissenschaft als Geschichte und Theorie des Designs: Hermann Sturm, im Anhang der o.g. Publikation: 'Geste & Gewissen im Design')

Über die fruchtbare und konstruktive Weiterentwicklung des Designs an der Universität wird es von entscheidender Bedeutung sein, die sich verändernden Bedingungen für gestalterisches Handeln (Computergestützte Designprozesse, Interface Design) als Herausforderung anzunehmen, und dazu bedarf es einer offenen und konstruktiven Weiterentwicklung der Verzahnung von Theorie und Praxis. Dafür sind die Voraussetzungen in besonderer Weise an der Universität Essen gegeben.

Campus der Universität Essen

In order to be able to answer the new, obvious challenge of design, practice must be based upon, and accompanied by theory. Thus, in design, there was a necessity in research and teaching methods, to develop a basis for science design and research projects through the examination of relevant international projects (for example, with the Society for Science of Design Studies at the Musashino Art University, the School of Science of Design in Tokyo and the Department for Design Research at the University of Helsinki).

In 1998, the Chancellor and Senate of the University of Essen gave the permission for the establishment of an Institute for the Sciences of Art and Design, IKUD. Members of the Institute are: Professor Hermann Sturm, Director of the Institute, Professor Dr. Norbert Bolz, Professor Dr. Doris Schumacher-Chilla, Professor Dr. Herta Wolf; Professor Dr. Thomas Zaunschirm; Susanne Düchting, M.A., Annegret Gerleit, M.A., Immanuel Chi, Dipl. Designer.

As a scientific establishment, the institute has the task to conduct research and teaching in the theory of Art and Design Sciences and to cooperate with institutions outside the university in an exchange of research findings. (For the concept of Science Design as the history and theory of design, please see the appendix to 'Geste & Gewissen im Design', mentioned above, edited by Hermann Sturm).

For further fruitful and constructive development of design at this university, it will be of decisive importance to accept the changed circumstances of creative work as a challenge (Computer supported design processes; Interface Design). To achieve this, a further open and constructive development in the amalgamation of theory and practice is needed. And for this purpose, the prerequisites are available in an admirable way at the University of Essen.

Studienprojekte

Study Projects

Studiengang Industrial Design

The Faculty of Industrial Design

Von der Fachqualifikation zur Projektkompetenz

Mit der Vermittlung und Erarbeitung von elementaren Kenntnissen und Arbeitsmethoden beginnt das Designstudium an der Universität Essen. Am Anfang stehen die Grundlagen: Im viersemestrigen fachspezifischen Grundstudium geht es um Gestaltung und Darstellung; Technologie und Ergonomie; Theorie, Geschichte, Management und die geistes- und wirtschaftswissenschaftlichen Aspekte des Designs. In dieser ersten Phase der Ausbildung erwerben die Studierenden Kenntnisse und Fertigkeiten der zeichnerischen, fotografischen und modellhaften Dokumentation und Präsentation, sowie die Fähigkeit zur methodischen Planung und systematischen Umsetzung von Designideen. Neben dem vorrangigen Ziel, den Studierenden dabei Raum zur Entwicklung einer eigenen ästhetischen Sensibilität und gestalterischen Kompetenz zu geben, geht es jedoch in dieser ersten Phase ebenso darum, grundlegende Einsichten in die kulturelle, gesellschaftliche und wirtschaftliche Bedeutung des Industrial Designs zu gewinnen.

Das anschließende Hauptstudium zielt auf die Entwicklung der gestalterischen Persönlichkeit und die Herausbildung einer individuellen Qualifikation für den Bereich des Industrial Designs. In dieser zweiten Phase geht es damit um die Fähigkeit zur eigenverantwortlichen Durchführung des Designprozesses – konkret also um die Lösung von Designaufgaben steigender Komplexität, die sich an den aktuellen Problemstellungen des Industrial Designs orientieren und Wissen aus korrelierenden Fachgebieten einbeziehen müssen. Entsprechend liegt der Schwerpunkt des Hauptstudiums in den repertoirebildenden Vorlesungen und Seminaren der

From Professional Qualification to Project Competency

Design studies at the University of Essen begin with the conveying and development of elementary knowledge and methods of work. At the beginning is elementary knowledge: in the basic study course, restricted to actual Industrial Design, which lasts 4 semesters, the main concern is design and representation; technology and ergonomy; the theory and history of design, design management and the aesthetics and economic aspects of design. In this first phase of study, students acquire knowledge of, and competency in, sketching, photography and modelling as a means of documentation and presentation, as well as competency in the methodological planning and systematic transposition of design ideas. Alongside the primary goal of giving the students room to develop their own aesthetic sensibility and competency in design, in this first phase, it is equally important to give them a first glance into the cultural, social and economic importance of Industrial Design.

The subsequent advanced study course aims at developing a personal profile in design and an individual qualification in this area. In this second phase, the concern is to develop an individual responsibility for the conducting of the design process – that is, concretely, in the solution of design problems of increasing difficulty, oriented on the actual problems of industrial design and drawing on knowledge from other correlated faculties. Accordingly, the emphasis in advanced studies is on a repertoire of lectures and seminars in the subjects of ergonomy, construction, design management, design-theory and -history. From here specialist fields, such as design, the science of design and art oriented theories (aesthetics, semiotics or theory of communication),

Fächer Ergonomie, Konstruktion, Designmanagement, Designtheorie und -geschichte. Von hier aus können Vertiefungsbereiche wie Gestaltung, design- und kunstwissenschaftlich orientierte Theorie (Ästhetik, Semiotik oder Kommunikationstheorie), Technologie (ingenieurwissenschaftlich), Ergonomie (humanwissenschaftlich) oder Designmanagement (wirtschaftswissenschaftlich) erschlossen werden. Das projektorientierte Hauptstudium endet mit dem Universitäts-Diplom.

**Industrial Design:
Konzeption und Entwurf**

Im Rahmen der dargestellten Studieninhalte und -ziele dient das erste Studienjahr der Einführung in die Grundlagen des Entwurfs und der Anwendung von Darstellungsmethoden und -mitteln innerhalb ästhetischorientierter Gestaltungsarbeiten. Im zweiten Jahr des Grundstudiums werden je eine technisch/methodische und eine ästhetisch/experimentelle Designübung mit praxisnahen Aufgabenstellungen erarbeitet.

Im Hauptstudium, dem dritten und vierten Studienjahr, können in einer zweisemestrigen und in zwei einsemestrigen Designarbeiten Themen in unterschiedlicher Art bearbeitet werden. Dabei ist es ebenso möglich, ausgehend von einer praktischen Aufgabe exemplarische und auf eine konkrete Realisierung ausgerichtete Arbeiten anzufertigen, als auch Grundlagenprobleme des Industrial Design zu thematisieren, die eher künstlerisch-gestalterische und wissenschaftliche Mittel und Methoden erfordern. In beiden Fällen ermöglicht es die Einbindung des Fachs Industrial Design in den Ausbildungszusammenhang der Universität Essen, Problemstellungen aus Forschung und Entwicklung fachbereichsübergreifend zu formulieren und mit externen Instituten und Unternehmen interdisziplinär und kooperativ zu lösen. Die Vertiefungsfächer bieten den Studierenden darüber hinaus eine auf ihr individuelles Berufsziel und Spezialisierung hin ausgerichtete Qualifikation; eingeschlossen einer Spezialisierung für eine spätere wissenschaftliche Tätigkeit und Promotion.

technology (engineering), ergonomy (human sciences) or design management (economic theory) can be added. The advanced studies course, which is strongly project-oriented, ends in the diploma examination.

**Industrial Design:
*Concept and Drafts***

In the framework of the contents and goals of the first phase of basic studies, the first year serves to introduce the basics of drafting a concept and the employment of methods and means of presentation within aesthetically-oriented design work. In the second year of basic studies, students have to work out one technical/methodical, and one aesthetic/experimental exercise in design – both closely oriented to practice.

In the advanced studies of the second and third year, design themes are worked out in different ways in one two-semester period and in two one semester periods. Thereby, it is possible to take as a theme basic problems of Industrial Design or to produce work as an example of the concrete realisation of a practical task. In both cases, the integration of Industrial Design into the total educational concept of the University of Essen is promoted through the formulation of problems in research and development in an interdisciplinary way and through cooperation with external institutions and businesses outside the university. Moreover, specialisation allows the students to acquire qualifications directed towards their individual professional goals, including specialisation for a subsequent academic occupation and the writing of a doctoral thesis.

**Christa Nolte
Sekretariat
Industrial Design**

Ergonomie und Designmanagement

In erster Linie sind es heute die Designer, die für die *menschenbezogenen* Funktionen von Produkten verantwortlich zeichnen. Eine fundierte Ergonomieausbildung kann dem Prozeß der Gestaltung daher eine solide Basis geben. Das Grund- und Hauptstudium vermittelt hierzu das notwendige Wissen und das Know-how der Anwendung im Designentwurf. Im Rahmen der Vertiefungsfächer ist es zudem möglich, im Ergonomielabor des Studiengangs empirische Untersuchungen durchzuführen.

Eine weitere Besonderheit der Essener Designausbildung bietet das Fach Designmanagement: Bei den immer komplexer werdenden technologischen Bedingungen für die Herstellung von Industrieprodukten entstehen Designentwürfe heute kaum noch in individueller Arbeit, sondern in kreativen interdisziplinären Projektteams. Die Klärung, Darstellung und Einübung von inner- und außerbetrieblichen Ablauf- und Strukturmodellen – im Hinblick auf das Verständnis von Design und als Bestandteil einer Unternehmensphilosophie – ist die Aufgabe dieses Fachs. Zugleich werden über die laufenden Studienprojekte die relevanten Arbeitstechniken für das Management von Designaufgaben im industriellen Rahmen vermittelt.

Ergonomy and Design Management

Today it is mainly designers who are responsible for the people-oriented aspects of products. Thus a well-based know-ledge of ergonomy can give the design process a solid basis. Basic and advanced studies both give the necessary knowledge and the know-how to use this in design planning. In the framework of specialisation, it is also possible to conduct empiric research in an ergonomic laboratory.

The study course in Design Management is also a specialty of the University of Essen. In the more and more complex technological conditions in industrial production, design plans are hardly ever produced by a single person, but rather in creative, interdisciplinary project teams. In this study course, models of procedures and structures – both firm-internal and – external are explained, presented and practised. All this takes place within the framework of design it-self and in reference to a philosophy of enterprise. Parallel to the current study projects, the techniques necessary for the management of design tasks in an industrial framework are also taught.

Weitreichende Spezialisierungsmöglichkeiten

Die besondere Stuktur der Essener Universität bietet den Vorteil, aus dem Angebot anderer Fachbereiche fachspezifische Lehrveranstaltungen für Industrial Designer in Anspruch zu nehmen. Studierende des Industrial Designs können so von den Lehrangeboten verschiedener Fächer – etwa den ingenieurwissenschaftlichen Veranstaltungen zu Technologie, Werkstoffkunde, Fertigung oder den wirtschaftswissenschaftlichen Seminaren zu den Grundlagen der Betriebswirtschaftslehre, des Marketings oder des Wirtschaftsrechts – unmittelbar profitieren. Dazu sind auch die besonderen Angebote im Bereich der Design- und Kunstwissenschaften, die durch das Institut für Kunst und Design-Wissenschaften (IKUD) des Fachbereichs erbracht werden, zu zählen.

Praxismodelle

Eine gute Designausbildung darf sich nicht darin erschöpfen, fiktive oder nachgestellte Projektaufgaben zu lösen – der Wert der Ausbildung steht und fällt mit der Nähe zur Praxis und zur Konfrontation mit den hier geforderten Lösungen. Deshalb wird in der Essener Ausbildung – bei grundsätzlich freier Themenwahl – immer wieder die enge Kooperation mit Industrieunternehmen gesucht. So können im Rahmen von

Extensive Opportunities for Specialisation

The special structure of the Essen University study concept allows students to attend relevant lectures in other faculties. Thus students of Industrial Design can profit directly from lectures offered in different subjects: engineering lectures on technology, material technology, production; economics seminars on basic economic theory, marketing or business law. In addition, there are also special lectures in the area of design- and art-theory offered by the Institute for Art and Design-science (IKUD) within the faculty itself.

Practical Models

A satisfactory education in design must not be limited to the solution of fictitious problems or those based on past occurrences. The value of such education is seen in its closeness to actual practice and to the solutions required here. Therefore, in the training given in Essen – within the framework of an absolute freedom of choice of theme- cooperation with industrial enterprise is continually sought. Thus, in the framework of projects financed outside the university, projects of great practical value could be realised. Thereby, in the scope of the project, creativity, a set time-limit as well as the construction of

Drittmittelprojekten regelmäßig Projekte mit einem hohem Konkretisierungsgrad realisiert werden. Dabei wird der kreativen Projektbearbeitung konzeptionell ebenso eine gebührende Zeitspanne eingeräumt wie der Herstellung von dreidimensionalen Designmodellen, da sich der Präsentationsstandard in den letzten Jahren immer weiter erhöht hat. Das Essener Studium bietet auch hier die Grundlagen für einen perfekten Modellbau: In großzügig ausgelegten Werkstätten (Holzwerkstatt, Metallwerkstatt, Kunststoffwerkstatt) stehen alle erforderlichen maschinellen Einrichtungen zur Verfügung – ebenso jedoch auch die zeitgemäße Alternative zum Modellbau, ein modernes CAD-Studio, in dem alle relevanten Kenntnisse des rechnergestützten Entwerfens vermittelt werden können. Auch hier besteht eine enge Zusammenarbeit mit dem Fachbereich Maschinenwesen der Universität.

So können die sich wandelnden Anforderungen der Praxis exemplarisch in der Hochschule vorgedacht und in konzeptionellen Entwürfen zur Diskussion gestellt werden.

Der Abschluß

Den Studienabschluß bildet eine sechsmonatige praxisorientierte Diplomarbeit mit einem darauf bezogenen theoretischen Anteil oder eine wissenschaftliche Diplomarbeit aus dem Gebiet des Industrial Designs. Oberstes Kriterium für einen erfolgreichen Abschluß ist dabei die erarbeitete Kompetenz: Am Ende des Studiums gilt es für jede Kandidatin und für jeden Kandidaten zu zeigen, daß eine dem gewählten Fachgebiet entsprechende Aufgabe in ihren Einzelheiten, in ihren fachübergreifenden Zusammenhängen und in interdisziplinärer Zusammenarbeit gesellschaftlich verantwortungsvoll gelöst werden kann.

Heinrich W. Wins
Lehrer für besondere Tätigkeiten (Modellbau)
Tutor for special subjects (modelmaking)

three-dimensional models are required, as the standard of presentation in recent years has continually been raised. In Essen there is opportunity for learning model-construction perfectly: in generously planned workshops (wood, metal, plastics) there are all the machines needed – as also the modern alternative to the construction of models, an up-to-date CAD studio where all the knowledge relevant to computer-supported drafts can be learnt. Here, also, there is close cooperation with the Faculty of Engineering in Essen.

Thus the changing demands of practice can be anticipated and presented for discussion in drafts of ideas in classes.

Finals

The last six months of studies are devoted to a practice-oriented diploma assignment with a relevant theoretical section or a scientific thesis taken from the area of industrial design. The highest criterion for successful finals is the competence acquired thereby: at the end of their studies, every candidate must be able to show that in the theme chosen from their field, a task can be responsibly carried out in all its detail, in its subject inter-related aspects and through interdisciplinary cooperation.

Grundlagen des Entwerfens
The Basics of Drafting

Gestaltung

Von Beginn an geht es um den kreativen Kern des Entwerfens – die Gestaltung. Gestaltung als *Grundlehre* steht vor und über jeder besonderen Praxis, sie berührt alle Bereiche des Designs. Es gilt, die Elemente des Sichtbaren und ihre Beziehungen in einen systematischen Zusammenhang zu bringen, sich auf den Weg hin zu einer eigenverantwortlichen kreativen Sensibilität zu machen – mit dem Ziel, Formempfindung im Bewußtsein gestalterischer Regeln ausdrücken und kommunizieren zu können.

Darstellung

Die Fähigkeit zur zeichnerischen Darstellung begründet nach wie vor das Vermögen zur Umsetzung einer Idee – gerade für die Arbeit mit computergestützten Entwurfswerkzeugen ist sie eine Schlüsselanforderung. Der routinierte Umgang mit verschiedenen Zeichenmaterialien und Untergründen schult das räumliche Vorstellungsvermögen, Augenmaßtraining und Übungen zur Lockerung der Zeichenhand schaffen Gelassenheit. Sicherheit entsteht mit dem Wissen um die Grundlagen der Perspektive, der räumlichen Wahrnehmung und den Darstellungsmöglichkeiten geometrischer Körper. Der Zusammenfluß dieser Elemente schließlich schafft Kompetenz im technischen, in der Beleuchtungslehre und in der Tonwertmodulation bei Objekten mit unterschiedlichen Oberflächen.

Arrangement

Right from the beginning, what is important is the creative kernel of drafting – arrangement. As basic teaching and, in a special way, it touches every branch of design. Visible elements and their relationships must be brought into a systematic connection, thus to find the path to a personal, responsible, creative sensitivity – with the goal to be able to express and communicate through a knowledge of the laws governing arrangement and a feeling for form.

Presentation

The ability to present ideas through sketches has always been the capacity to transpose an idea – but for the work with computerised tools is it a key requirement. The routine use of different sketching materials and bases trains the feeling for space, the ability to measure with the eyes and provides exercise to loosen the sketching hand and produce ease of movement. Certainty comes with knowledge of the basics of perspective, the perception of space and the possibilities of representing geometrical bodies. The total of these elements finally produces competence in the technology, in lighting and in judging the modulation of the different surface tones of objects.

links **Einander zugeordnete, unterschiedlich gespannte Linien lassen Strukturen plastisch erscheinen.**
*left **Nutually related differently streched lines let structures appear three-dimensional.***

rechts **Verteilungskomposition: Die Ausrichtung verschiedener Formen auf die Hauptrichtung erzielt den Ordnungsgrad.**
*right **Composition of distribution: The arrangement of different forms to a main direction improves the grade of order.***

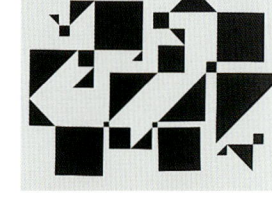

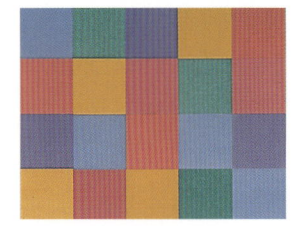

links **Freie Komposition zum Kalt-Warm-Kontrast**
*left **Free composition for the cold-warm-contrast***

rechts **Komposition zur Farbsystematik: Kalt-Warm-Kontrast**
*right **Composition for the colour systematic: cold-warm-contrast***

Entwurf

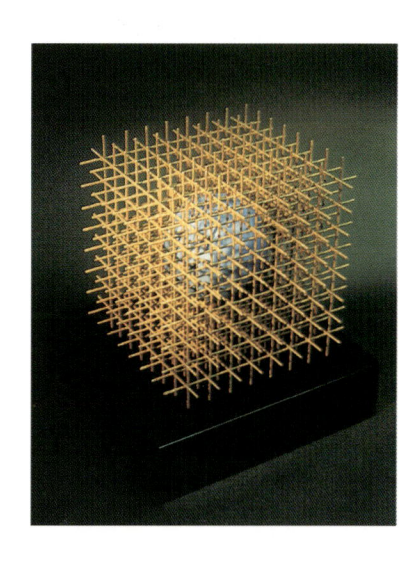

Der Entwurf ist die abwägende Vorstellung möglicher Maßnahmen, die zu einem imaginierten Ziel führen, wobei das Vorgestellte ständiger Überprüfung auf Durchführbarkeit unterliegt. Im Designkontext ist der Entwurf das Ergebnis einer Analyse der Vergangenheit und der daraus abgeleiteten Synthese für die Zukunft. Die Überprüfung des Vorgestellten unterliegt hierbei immer der industriellen Machbarkeit. Insofern sind Designentwürfe konkrete Utopien, die sich schrittweise aufbauen, während die eigentliche Idee ins Bewußtsein springt. Der Entwurfprozess bedarf der spontanen Idee und der schrittweisen Entwicklung. Die Qualität eines Entwurfes ist entscheidend davon abhängig, inwieweit diese Schritte zu rekonstruieren sind. Damit werden Designentscheidungen begründbar und eine synergetische Kommunikation unter allen Prozeßbeteiligten möglich. Parallel zu diesem Entwurfsweg findet ein intensiver Austausch über Kontexte, Produktionsbedingungen, Marktchancen und viele Faktoren mehr statt. Daneben steht in der Berufspraxis aber auch das Arbeiten mit Literatur, mit wissenschaftlichen Arbeiten, Anforderungskatalogen, Pflichtenheften. Und es geht letztlich auch um die Bewertung von Designleistungen bis hin zu berufswirtschaftlichen Fragen wie Verträge und Kalkulationen.

Drafting

Drafting is the critical conception of possible ways to reach to an imaginary goal, whereby there is constant evaluation of the practicality of the original idea. In the context of design, the draft is the result of an analysis of the past and the synthesis of these findings for the future In evaluating any idea, one must always keep in mind the possibilities of industrial production. To this extent, design drafts are concrete Utopias which are formed step by step, while the actual idea takes conscious form. The process of drafting needs spontaneous ideas and gradual development. The quality of a draft is decisively related to how far these steps can be reconstructed. Thus, reasons are able to be given for decisions made in designing and synergetic communication is possible among all participants in the process. Parallel to this procedure, there is an intensive exchange of ideas about contexts, conditions of production, chances on the market and many other factors. In actual professional practice there must also be recourse to literature, to scholarly studies, catalogues and set books. And finally, there must be an evaluation of possible services, reaching even to the economic questions of contracts and calculations.

Formstudie:
Konvex-Konkavkontrast, durchdringen, überleiten
Study of form:
Convex-concave contrast, exploration, transition

Komposition aus zwei Urformen:
Offener Körper umhüllt Festkörper
Composition of two prototypes:
open shape wraps solid shape

Lampe
Lamp
1995-96

Student
Eric Stürmer

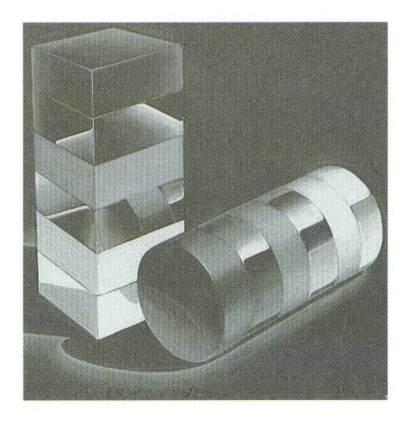

**Darstellungs-
grundlagen**
*Basics of
presentation*

Student
Marc Ruta

**Darstellungs-
grundlagen**
*Basics of
presentation*

Student
Volker Schumann

Farbe und Fläche

Farben, Dekor und Texturen sind Schwerpunkte im Ensemble der Gestaltungsmittel. Der vertiefende Umgang mit ihnen schafft Spielraum zur Reflexion über ihre Rolle gegenüber anderen Bestandteilen gestalterischen Denkens. Ziel ist die Sicherheit, Farben und Flächen von Produkten formalästhtisch beurteilen und gestalten zu können.

Gestalt und Raum

Auch die Beherrschung der räumlichen Dimension verlangt dem Gestalter grundlegende Leistungen ab. Beim plastischen Gestalten stehen elementare Fragestellungen der Formfindung und der konstruktiv-räumlichen Gestaltbildung im Vordergrund. Auch hier ist das Ziel eine Sensibilisierung für die Interpretation von Raum, Gestalt und Form, die in der Umsetzung der Ideen ihre Anwendung findet.

Schrift und Typografie

Auch Schrift spricht über ihre Form. Typographische Elemente, Schriftschnitte, Systeme, Materialien, Druckverfahren haben ihre spezifische Wirkung. Alle Aspekte der Schrift haben ihre optischen Werte, die auf ihre Einsatzmöglichkeiten und Wirkungsweisen in Bezug auf Funktion und Form der Gesamtgestaltung verweisen. Damit kommunizieren Texte immer auch die Form – in der Sprache der Typografie.

Colour and Surfaces

Colour, decor and textures are the main components in the ensemble of the means of design. Intensive occupation with them is an opportunity to reflect about their role in relation to the elements of ideas of form. The aim is the ability to judge colours and surfaces of products aesthetically and to use them in designing.

Form and Space

The mastery of the dimensions of space is another basic requirement of the designer. In three-dimensional design, elementary questions of the conception of form and the constructive-space form of design are in the forefront. Here also, the goal is a sensitivity in the interpretation of space, arrangement and form – a sensitivity to be employed in the transposition of ideas.

Script and Typography

Script also speaks through its form. Typographic elements, script editing, systems, materials, printing procedures all have their specific effect. All aspects of script have an optical value which affects their modes of use and their results in relation to the total effect of function and form in the design as a whole. In this way, texts communicate through their form, in the language of typography.

Zeichnen und CAD

Computer-aided Design verlangt eine sichere Hand und das Wissen um die Umsetzbarkeit der Idee. Es gilt, für die Darstellung von synthetischen Objekten mit komplexen Formen und Oberflächen ein Repertoire des Möglichen zu entwickeln. Dafür ist die Übertragung traditioneller Zeichentechniken – Umgang mit professionellen Zeichenmaterialien, maßstäbliches Freihandzeichnen, Entwicklung und Definition komplexer Objekte, Einsatz von Farbsystemen und Farbdarstellungstechniken – immer auch Ausgangspunkt jeder Arbeit mit dem Computer.

CAD: Entwerfen und Darstellen

Die Fähigkeit, eigene Vorstellungen auf dem Rechner umzusetzen, gilt mittlerweile als Schlüsselqualifikation. Gefordert werden Grundlagenwissen zur branchenüblich eingesetzten Hard- und Software wie auch Sicherheit in der Auswahl geeigneter Modellierstrategien. Dabei wird die Kenntnis vieler Einzelkomponenten verlangt: Ausgehend von allgemeinen mathematischen Grundlagen des Gestaltens müssen Modelliersysteme und Bildausgabe-Systeme beurteilt und Bildberechnungen zeitsparend angelegt werden. Die dabei erworbene Komtetenz ist eine unabdingbare Voraussetzung für das rechnergestützte Konstruieren und Fertigen.

Briefwage
Letter scale
1992

Student
Peter Hammer

Drawing and CAD

Computer-aided design demands a sure hand and the knowledge of how to transpose an idea. For the representation of synthetic objects with complex forms and surfaces, one must develop a repertoire of possibilities. Thereby the transference of traditional techniques of sketching – the use of professional sketching materials, scale freehand-drawing, the definition and development of complex objects, the employment of colour systems and the techniques of colour representation – is always the starting point, also for computer work.

CAD: Designing and Presentation

The ability to realise one's own ideas through a computer is an essential qualification today. What is required is basic knowledge of relevant hard- and software as also mastery of suitable strategies of model construction. Thereby a knowledge of many individual techniques is demanded: starting from general, basic design mathematics, systems of model and picture construction must be evaluated and calculations carried out in the shortest possible time. The competence that is won thereby is an essential prerequisite for computerised construction and production.

Formlehre: Grammatik der Gestaltung
Morphology: Grammar of design

Formlehre: Grammatik der Gestaltung
Morphology: Grammar of design

Industrial Design - Entwurf

Industrial Design

Entwurfsmethodik

Professionelles Entwerfen bedient sich des planbestimmten, zielorientierten Vorgehens. Um alle zentralen im Kontext stehenden Daten und Fakten rational zu erfassen und in den Prozeß der Vorstellung zu integrieren, bedarf es der strukturierten Arbeitsschritte. Selbst die Überprüfung von Ideen und Vorstellungen auf ihre industrielle Machbarkeit – ein inhärenter Bestandteil jeden Designentwurfs – unterliegt methodischen Arbeitsweisen. Die Entwurfsmethodik geht auf die Erkenntnis zurück, daß jede Entwurfstätigkeit biographischen Charakter hat. Anhand praxisnaher Problemstellungen geht es also um Analyse, Ideenfindung, Entwurfsentwicklung, Modelldarstellung und schließlich um die Dokumentation und Präsentation des Entwurfsprozesses und -ergebnisses. Im Vordergrund stehen dabei die technischen, funktionalen und ökonomischen Anforderungen an die Produktgestaltung. Auf diese Weise kann der Entwurfsprozeß von Anfang an im kulturellen Kontext, als Arbeit am persönlichen Stil und als Einheit von Theorie und Praxis mit dem forschenden Lernen begriffen werden.

Design Methods

Professional drafting serves planned, goal-oriented procedures. Structured work steps are necessary to grasp rationally all the central data in a context and to integrate them into the imaginative process. Even the evaluation of practical production possibilities of ideas and concepts – an inherent part of every design draft – is dependent on a methodical manner of working. Drafting methodology rests on the recognition that every drafting activity has a biographical character. On the basis of problems chosen from actual practice, there is attention to analysis, the finding of ideas, the development of drafts, the production of models and finally, the documentation and presentation of the drafting process and results. In the foreground are the technological, functional and economic requirements of the production form. In this way, the process of drafting is, from the beginning, understood in its cultural context as a work executed in a personal style and as a unification of theory and practice with experimental learning.

Fahrrad 'Impala'
Bicycle 'Impala'
1996

Studenten
Frederik Knothe
Stefan Stocker
Sven Schäfermeier

Personen-Reisefahrzeug
Travel vehicle
1985

Student
Klemens Rossnagel

Variationen von Säge-
werkzeugen
Variations of saws
1988

Studenten
**Kina Behrens
Kai-Uwe Brandt
Martin Bretschneider
Yvonne Kannengießer
Guido Keffel**
Stefan Kemena
Peter Krems
Christian Marx
Stephan Milde
Henning Pohl
Martin Polland
Stefan Reiners
Markus Reeb
Markus Rüther
**Klaus Schäffer
Vassile A. Scheffer
Michael Sieger
Christian Smarslik**
Jens Stanislawski

Experimental Design

On the basis of empirical drafting methods, the problems presented in the design of daily articles of use are worked out. The individual steps in drafting, beginning with the phase of finding ideas and the different methods of presenting these through sketches or models, up to the actual presentation and documentation, are carried out independently. The aim is the formation of an individual method of drafting.

Experimentelles Design

Auf der Basis empirisch orientierter Entwurfsmethoden werden Problemstellungen der Gestaltung alltäglicher Gebrauchsgegenstände bearbeitet. Ausgehend von der Phase der Ideenfindung, in der unterschiedliche zeichnerische und modellierende Darstellungsmethoden und –techniken ihren Platz haben, können die einzelnen Stufen des Entwerfens bis hin zur Präsentation und Dokumentation selbstverantwortlich beschritten werden
– mit dem Ziel der Ausbildung einer individuellen Entwurfsmethodik.

Tisch
Table
1996-97

Student
Eric Stürmer

Stehpult
Highdesk
1998

Student
Benjamin Holch

Sitzmöbel, variabel
Seat funiture, variabel
1996

Student
Kai Uetrecht

Design Project 1

In this project, the first independent carrying out of a complete design process, students begin their advanced studies. In the foreground are project themes in product design, ergonomic design and technical design. The project lasts for two semesters. In the first phase, students work out their own interpretation of themes in the light of personal motivation and individual study goals. In the second phase, the concepts which have been worked out are given form and produced as models. Thus the total project period exemplifies all aspects of the design process, from the formulation of goals to presentation and documentation.

Designprojekt 1

Mit dem Designprojekt 1, der ersten eigenverantwortlichen Durchführung eines gesamten Designprozesses, beginnt das Hauptstudium. Im Vordergrund stehen dabei Projektthemen der Produktgestaltung, der ergonomischen Gestaltung und des technischen Designs. Das Projekt erstreckt sich über zwei Semester. In der ersten Phase gilt es, eigene Themenstellungen in Korrelation zur persönlichen Motivation und zu den individuellen Studienzielen zu formulieren. Die erarbeitete Konzeption wird in der zweiten Phase gestalterisch umgesetzt und im Modell realisiert. Die gesamte Projektphase umfaßt so beispielhaft alle Aspekte des Designprozesses von der Zielformulierung bis hin zur Präsentation und Dokumentation.

Abgasmeßsystem für die Automobilindustrie
Exhaust fume measuring sytem for automotive industry
1998-99

Student
Marcus Fähnrich

Digitaler Farbfernseher 'Cinemax'
Digital monitor device 'Cinemax'

Student
Tobias Schmidt

Liegefahrrad
Bicycle for prone position
1988

Student
Dietmar Winkle

Spiegelreflex-Kamera
Reflex camera
1987

Student
Oliver Wahl

Digitaler
Farbkopierer
Digital colour copier
1988

Studenten
Ralf Jakubowski
Frank Schäfer
Marc Schmitt

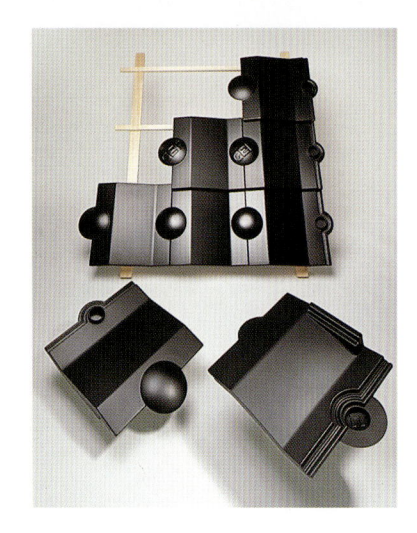

Sonnenkollektor-
system
Sun panel system
1992

Studenten
Udo Dörich
Jörg Ibach

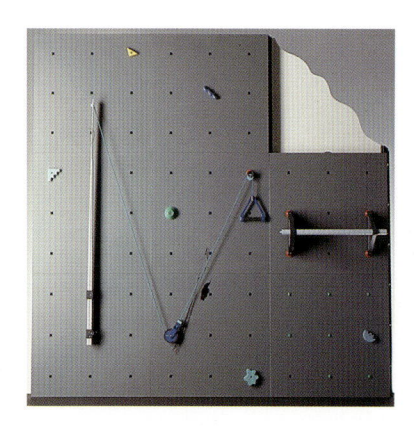

Modulare
Kletterwand
*Modular wall
training equipment*
1989

Studenten
Stefan Ambrozus
Susanne Brudsche

'Vincent' ferng-
steuertes Spielzeug
'Vincent' remote toy
1994

Student
Norbert Geelen
Frank Münter

Bürostuhl 'Livorno',
Firma Sedus
Office chair 'Livorno'
1997

Studenten
**Helge Fedderka
Norbert Geelen
Frank Münter
Stephan Schmitz**

Design Project 2 and 3

Developmental works in design in advanced studies each last for one semester and are directed towards the encouragement of individual qualifications. Students choose two themes – from basic problems or exemplary aspects of industrial design – and independently work out and realise tasks drawn from these themes, in detail, also making use of interdisciplinary possibilities. At the beginning of this project, research work on the chosen theme and sketches of the project must be presented.

Designprojekt 2 und 3

Die aufbauenden Designarbeiten des Hauptstudiums erstrecken sich jeweils über ein Semester und sind auf die Herausbildung der individuellen Qualifikation ausgerichtet. Anhand zweier selbstgewählter Themen – abgeleitet aus grundlegenden Problemstellungen oder exemplarischen Teilaspekten des Industrial Designs – sollen die aus den Themen abgeleiteten Aufgaben sowohl in ihren Einzelheiten als auch in ihren fachübergreifenden Zusammenhängen selbständig erarbeitet und gelöst werden. Recherchen zum gewünschten Themenbereich und eine konzeptionelle Projektskizze gelten als eine bei Projektbeginn vorzulegende Voraussetzung.

Haltestellenkonzept für Essen
Concept for a bus stop in Essen
1998

Studenten
Christian Guyard
Frederick Knothe
Nils Müller
Jan Schmuck

Windkraftanlage 'Airconcept'
Power plant 'Airconcept'
1995

Studenten
Marcus Reeb
Stefan Reiners

Vollverkleidetes
Liege-Sesseldreirad
*Human powered
vehicle*
1998

Student
Markus Lösing

Modulares Blindengerätesystem
Modular equipment system for the blind
1988-92

Studenten
**Udo Dörich
Jörg Ibach
Yorgo Liebsch
Christian Marx
Stefanie Radtke
Andreas Schulze
Bruno Sijmons
Christian Smarslik
Lothar Ziegler**

Aufsitzrasenmäher
Sitting lawnmower
1991-92

Studenten
**André Krause
Jens Verbeck
Yahya Shafegati**

Bibliothekswagen
Library car
1994-95

Studenten
**Christian Knoop
Christof Paul
Michael Zeisel**

53
52

Lese- und Studien-
plätze in wissen-
schaftlichen Biblio-
theken
*Places for reading
and writing in
university libraries*
1994–95

Studenten
**Christian Knoop
Christof Paul
Michael Zeisel**

Technologie
Technology

Konstruktion

Jeder Entwurf bewegt sich zwischen Form und Funktion, die Konstruktion wirkt immer auch auf die Formgebung zurück. In Bezug auf den Gebrauch eines Produkts gilt es immer wieder, die funktionale Qualität sicherzustellen. Dies beginnt bei den Grundlagen der konstruktiven Auslegung von Bauteilen, die in ihrer Festigkeit bis hin zu definierten Grenzwerten belastbar sein müssen. Die Erfahrung mit Schadensfällen bildet dabei den theoretischen Hintergrund für die Verbesserung von Statik und Festigkeitslehre, die in ihren einzelnen Dimensionen und elementaren Regeln – zu Krafteinwirkung, Momenten, Zug- und Druckwirkungen, Gleichgewicht; zu Spannung, Dehnung, Biegung, Torsion, Scherung, Knick und Temperatur – vom Designer ebenso beherrscht werden müssen wie die Gesetze der Gestaltung.

In der Konstruktionsweise eines Produkts liegen gleichermaßen Möglichkeiten wie Grenzen der Gestaltung. Vor allem die industrielle Fertigung von Produkten verlangt hier vom Designer die Kompetenz, alle konstruktiv vorgegebenen Grenzen auf ihre Chancen hin überprüfen zu können.

Construction

Every draft oscillates between form and function – the construction always relates back to the form concept. In production, the functional standard of the product must always be ensured. This begins with the basis of the constructive layout of the construction elements which must have a set load capacity. Experience in damage cases provides a theoretical background for the improvement of statics and stability. Such knowledge must be mastered by designers in its individual elements and elementary rules: the effect of force: momentum and pressure effects, balance; the effects of tension, expansion, convergence, torsion, and temperature, to the same degree as the laws of design.

In the manner of construction of an object lie both the possibilities for, and the limits of, design. Above all, industrial production demands from the designer the competence to test the capacity of the given construction limits.

Seismographisches Meßgerät
Seismographic measuring device
1992

Studenten
**Susanne Merzkirch
Christoph Runge**

Wolfgang Röver
Unterrichtstechnischer Mitarbeiter
Technical teaching assistant

Werkstoffe

Kenntnisse über das Verhalten und die Beanspruchbarkeit von Werkstoffen sind eine wesentliche Voraussetzung für fertigungsgerechtes Gestalten. Der Wunsch nach verbesserten Wirkungsgraden, größerer Zuverlässigkeit und verbesserter Wirtschaftlichkeit erfordert den gezielten Einsatz und die Optimierung vorhandener sowie die Entwicklung neuer Werkstoffe. Für dieses Aufgabenfeld stellt die Werkstoffkunde Problemlösungsstrategien bereit: Fähigkeiten von Werkstoffen werden aus ihrem Aufbau abgeleitet, Erkenntnisse der Chemie, Physik, Thermodynamik und technischen Mechanik helfen bei der Charakterisierung von Werkstoffeigenschaften.

Das Verhalten von Werkstoffen ist oft auch eine Frage nach den besonderen Bedingungen, denen ein Produkt ausgesetzt ist. Im Detail geht es dabei beispielsweise um Fragen der technisch mechanischen Eigenschaften von Werkstoffen bei unterschiedlicher Beanspruchung. Für Designer ist hier entscheidend, Zusammenhänge zwischen Werkstoff, Werkstoffzustand und Bauteilfunktion auch im ingenieurwissenschaftlichen Sinne fachlich beurteilen zu können, um in der Kooperation mit Ingenieuren als kompetenter Partner akzeptiert zu werden.

Fertigung

Kenntnisse zum Aufbau und Einsatz von Maschinen und Werkzeugen zur Herstellung eines Produkts sind für Designer ebenso unabdingbar wie die Einsicht in Werkstoffeigenschaften und Konstruktionsprinzipien. Jeder Werkstoff, ob Holz, Metall oder synthetisches Material hat seine spezifische Art und Weise der Verarbeitung. Am Beispiel der Kunststofftechnik läßt sich dies verdeutlichen: Aus dem chemischen Aufbau können ihre Stoffeigenschaften ebenso abgeleitet werden wie die verarbeitungstechnischen Prozesse Spritzgießen und Extrudieren. Für den späteren Gebrauch eines Produkts sind jedoch auch die thermischen, mechanischen, optischen und elektrischen Eigenschaften zu berücksichtigen. Exemplarisch für den Prozeßzusammenhang steht die Verarbeitung faserverstärkter Kunststoffe.

Ebenso werden die Kenntnisse über die ständigen Weiterentwicklungen in der Produktionstechnik, von Robotic bis hin zu Computertechniken, vermittelt.

Materials

Knowledge of the behaviour and limits of materials are an essential requirement for the adequate designing of products. The desire for better effects, increased reliability and greater profitability, demands a well-directed approach and the optimal use of available materials as well as the development of new materials. In this area, the theory of materials presents a variety of ways of solving problems: findings in chemistry, physics, thermodynamics and technological mechanics help to determine the character of materials.

The behaviour of materials is often also a question of special circumstances to which a product is exposed. To go into details, for example, there is the question of technological, mechanical characteristics of materials under different conditions. For designers, it is here decisive to be able to judge professionally connections between material, the condition of the material and the function of the construction elements, if they wish to be accepted by engineers as competent partners.

Production

Knowledge of the construction and implementation of machines and tools for the making of a product is just as essential for the designer as insight into the characteristics of materials and principles of construction. Every material, whether wood, metal or plastic requires handling in a specific way. This can be illustrated by reference to plastics: from their chemical structure one can deduce their characteristics and also the technology of injection moulding and extrudition .For the subsequent practical use of a product, however, the thermal, mechanical, optical and electrical characteristics must also be taken into consideration. One can exemplify this through the processing of fibre-reinforced plastics.

In just the same way, a knowledge of the constant developments in production techniques, from roboters to computers, is also conveyed.

3D-Scanner für die Firma GOM, Braunschweig
3D-Scanner in cooperation with GOM, Braunschweig
1999

Student
Thomas Hoffmann

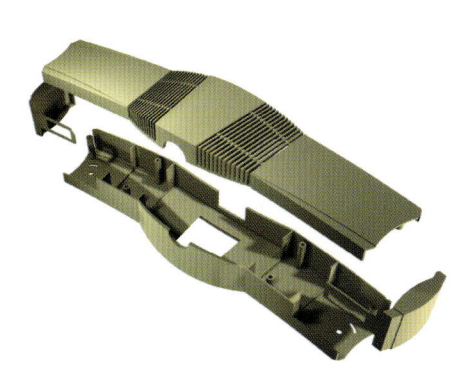

Gehäuseaufbau
Case construction

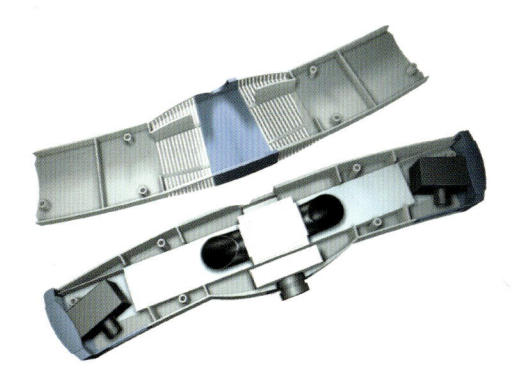

Montageansicht
Assembly of parts

Ansicht des Messgerätes
Views of the measuring device

Basics of Ergonomics

Ergonomy must be seen as the initiation, structuring and organisation of a design process related to people. The starting point is the analysis of the tasks which the design of such products or services is required to fullfill. Characteristics, abilities, competencies, but also the needs of the customer- or user-group are therefore part of the ergonomic analysis and from these it is possible to lead up to people-related design requirements. Ergonomic research results and methods – for example computer models of human proportions – are available for design processes.

Ergonomie

Ergonomics

Grundlagen der Ergonomie

Ergonomie ist als Möglichkeit zu sehen, einen menschbezogenen Gestaltungsprozess zu initialisieren, zu strukturieren und zu organisieren. Ausgangspunkt eines solchen Gestaltungsprozesses ist die Analyse von Aufgaben, für deren Erfüllung Produkte oder Dienstleistungen zu gestalten sind. Eigenschaften, Fähigkeiten, Ferigkeiten, aber auch Bedürfnisse der Kunden- oder Nutzergruppen sind daher Gegenstand der ergonomischen Analyse, aus der menschbezogene Gestaltungsanforderungen abgeleitet werden können. Für Entwurfsprozesse stellt die Ergonomie Erkenntnisse und Methoden – etwa rechnergestützte Modelle menschlicher Abmaße – zur Verfügung.

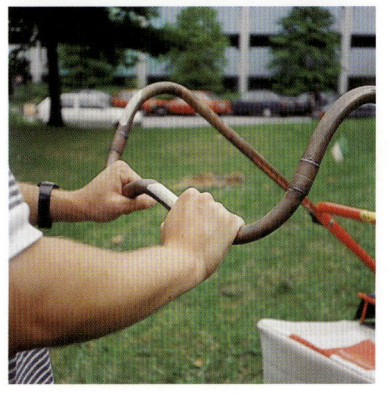

Rasenmäher für SABO, Gummersbach (Griffstudien)
Lawnmowers for SABO, Gummersbach (Grip studies)
1998

Student
Katrin Adami

Ergonomisches Gestalten

Ziel der ergonomischen Gestaltung ist es letztlich, den Menschen schädigungslose, ausführbare, erträgliche und beeinträchtigungsfreie Tätigkeitsbedingungen zur Verfügung zu stellen. Dies umfaßt auch Standards sozialer Angemessenheit nach Tätigkeitsinhalt, Arbeitsaufgabe, Arbeitsumgebung und Kooperation sowie Handlungsspielräume, in denen sie neue Fähigkeiten erwerben sowie in Kooperation mit anderen ihre Persönlichkeit erhalten und entwickeln können. Dazu ist es notwendig, ergonomische Gestaltungserkenntnisse und -methoden zu beherrschen. Dies beginnt bei Methoden zur Bestimmung von Körperkräften, zur Bewertung von Körperhaltungen und zur Messung von Körperbewegungen. Für die Umsetzung der sich aus den körperlichen Voraussetzungen des Menschen ergebenden Anforderungen in Gestaltungslösungen stehen multimediale Software-Lösungen zur Evaluierung ergonomischer Eigenschaften bereit. Inhaltlich richtet die Ergonomie in Essen ihre besondere Aufmerksamkeit auf die Gestaltung von Interfaces für Mensch-Maschine- und Mensch-Rechner-Systeme.

Ergonomic Design

Ultimately it is the aim of ergonomic design to make available practical, profitable conditions of work which are free of harmful side effects. This also includes socially acceptable standards concerning the kind of work, the tasks set, the scope of the work and the possibility for cooperation and action, so that new competencies can be learned and in cooperation with others, individual personality can be retained and developed. For this it is necessary to master the findings in ergonomic design and its methods. This begins with methods of measuring bodily strength, evaluating bodily posture and measuring bodily movement. For the conversion of the demands made by the bodily requirements of human beings into design, there are multi-medial software solutions available to evaluate ergonomic characteristics. In Essen, ergonomy directs its particular attention to the design of interfaces for man-machine and man-computer systems.

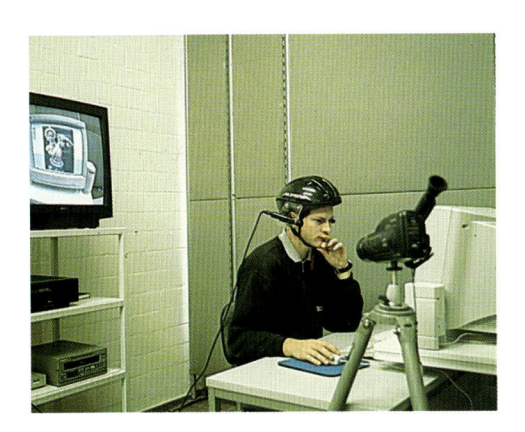

Versuchsaufbau für Usability Studien
Experimantal setup for usability studies
1999

Studenten
Rolf Lechtenberg
Markus Lösing

Fußschalter zur Steuerung chirurgischer Geräte
Foot switch to control surgical instruments
1999

Studenten
Markus Frankowski
Meike Noster
Harald Steber

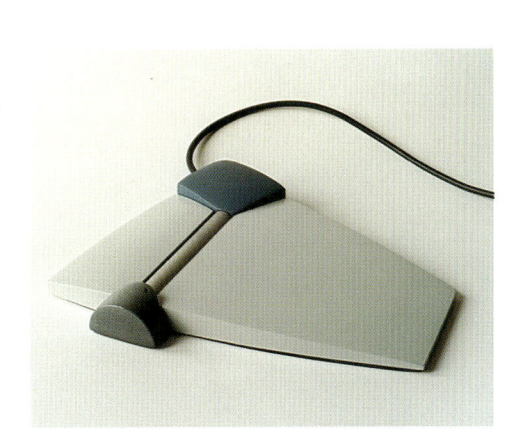

Designgeschichte und Designtheorie

The History of Design and Design Theory

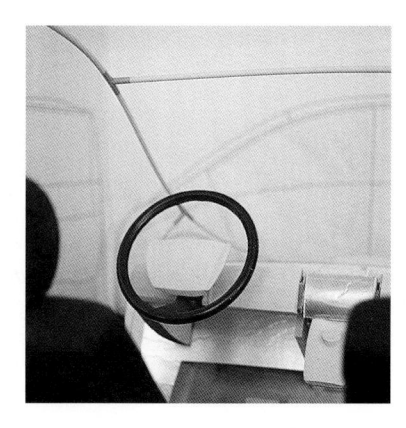

Kunst- und Kulturgeschichte

Die Auseinandersetzung mit der kunst- und kulturgeschichtlichen Überlieferung kann wertvolle Anhaltspunkte für die gestaltungspraktische Arbeit liefern. Voraussetzung dafür ist die Sicherheit in der Beurteilung historischer Überlieferungen. Als Anhaltspunkt der Beurteilung können kunst- und kulturgeschichtlich relevante ästhetische Theorien herangezogen werden, die in der Regel auch Antworten auf kunst- und gestaltungstheoretischen Fragen bereithalten.

Geschichte des Designs

Designgeschichte steht im kulturgeschichtlichen Zusammenhang, sie ist ein Geflecht vielfältiger Beziehungen. Als Geschichte und Gegenwart der Gestaltung, der Wahrnehmung und des Gebrauchs gestalteter Dinge zwischen Kunst, Design und Technik hat sie lebensweltliche Bedeutung. Die Gestaltung und der Gebrauch gestalteter Dinge können zudem in ihren Wechselbeziehungen zwischen Ästhetik – als Theorien zu Kunst, Design und Architektur – und dem Beziehungsgeflecht außerästhetischer Bedingungen bestimmt werden.

Designtheorie 1

In enger Verbindung mit der Gestaltung steht die wissenschaftliche Untersuchung des Gegenstandes von Design, der Prozesse des Gebrauchs, des Umgangs, der Gestaltung von ästhetischen Gebrauchswertbeziehungen und der Modalitäten der Produktion von Designobjekten in ihrem jeweiligen Kontext. Dazu bedarf es der begrifflich-

Art and Art History

An examination of tradition in the history of art and culture can provide valuable clues for practical design work. A prerequisite is the ability to judge historical tradition. Relevant aesthetic theories in art- and cultural-history can bereviewed, because, as a rule, these provide answers to theoretical questions in art and design.

The History of Design

The history of design is related to cultural history – it is an intertwining of manifold relationships. As both the past and the present in design, the recognition and use of designed objects ranging between art, design and technology, it is important in the realm of actual life. The design and the use of designed objects could also be indicated as belonging to the correlation between aesthetics – as theories of art, design and architecture – and the network of conditions outside the field of aesthetics.

Design Theory 1

Scholarly research into the object of design, the processes of usage, of contact, the design of aesthetic evaluation of different types of use and the modes of production of designed objects in their context, stands in close relationship to design itself. In this respect, theoretical analysis is needed to supplement what has been concretely designed and its specific tasks and possibilities. In this process, design theory can neither substitute for aesthetic practice nor direct it, but it can partially structure and organise practical action.

Design Theory 2

It is the task of design theory to structure methodologically the complexity of the object of design with regard to the relationship between its genesis and its effect. Moreover it must develop a common system of thought and communication for participants in the design process: producers, technicians, economists, recipients and designers. This has as a prerequisite, besides a basic education in the theory of design, the working out and integration of a large number of individual scientific aspects. As part of a comprehensive theory of culture, design theory – in so far as it has as its object the bringing forth and the handling of designed objects in the world of human beings – has ultimately the task of criticism of aesthetically governed appearances. This must be set, together with their requirements for use and their effects, in relationship to the culturally determined modes of behaviour of various groups addressed by the products and their specific aesthetic norms and value scales.

theoretischen Analyse in Ergänzung zum gestalthaft Gegenständlichen und seinen spezifischen Aufgaben und Möglichkeiten. Dabei kann Designtheorie die ästhetische Praxis weder ersetzen noch dirigistisch steuern, aber sie kann praktisches Handeln partiell strukturieren und organisieren helfen.

Designtheorie 2

Designtheorie hat die Aufgabe, die Komplexität des Designgegenstandes hinsichtlich seines Entstehungs- und Wirkungszusammenhangs methodisch zu strukturieren und ein für die Beteiligten am Designprozeß – Produzenten, Techniker, Ökonomen, Rezipienten und Gestalter – gemeinsames Denk- und Verständnissystem zu entwickeln. Das hat neben der Fundierung in einer Theorie der Gestaltung die Bearbeitung und Integration einer Vielzahl einzelwissenschaftlicher Aspekte zur Voraussetzung. Als Teil einer umfassenden Kulturtheorie hat Designtheorie schließlich – insofern sie die Hervorbringung und den Umgang mit gestalteten Objekten menschlicher Lebenswelt zum Gegenstand hat – auch die Aufgabe der Kritik der sinnlich ästhetischen Erscheinungen. Diese sind mit ihren erkennbaren Gebrauchsforderungen und Wirkungen in Bezug zu den produktkulturellen Verhaltensweisen verschiedener Adressatengruppen und deren spezifische ästhetische Normen und Wertpräferenzen zu setzen.

Designmanagement

Design Management

Elements of Design Management

All branches of enterprise are subjected to the ever increasing pressures of competition which forces them to greater and greater efforts to create their own image. Only those who are different survive. To polish this image there is the strategy of Corporate Image and similar measures to achieve marketing preferences. Such an identity is not only an image and an appearance, but also includes Corporate Design, the culture of enterprise and the communication of enterprise – both externally and internally. The product and its design are recognisable as a three-dimensional statement of an enterprise. In this, design not only has the task of shaping the products and their conception, technology and marketing, but also the appearance of the enterprise and communication culture itself. To intervene here in the form of design, requires a knowledge of the goals of production and the control of alternative drafts and mastery in planning project procedure.

Elemente des Designmanagements

Unternehmen aller Branchen unterstehen einem immer größer werdenden Wettbewerbsdruck, der ihnen zunehmend Profilierungsmaßnahmen aufzwingt. Nur wer sich abhebt, überlebt. Zur Schärfung des Profils von Unternehmen stehen mit den Strategien einer erarbeiteten Corporate Identity Maßnahmen zur Eröffnung von Marktvorteilen bereit. Eine solche Identität ist nicht nur Image und Erscheinungsbild, sonder umschließt das Corporate Design, die Unternehmenskultur und die Unternehmenskommunikation – nach innen wie nach außen. Das Produkt und sein Design werden erkennbar als dreidimensionale Aussage eines Unternehmens. Darin richtet sich das Design als Aufgabe der Gestaltung nicht nur auf die Produkte und deren Konzeption, Technik und Marketing, sondern ebenso auf das Erscheinungsbild des Unternehmens und seine Kommunikationskultur selbst. Hier gestaltend einzugreifen, verlangt Zielbewußtsein bei der Erzeugung und Kontrolle von Entwurfsalternativen und Sicherheit in der Projektablaufplanung.

Besteckstudie
Cutlery
1999

Student
Markus Reeb

Wissenschaftliche Studienschwerpunkte

Specialisation Subjects

Sozialwissenschaftliche Kompetenz

Im Gegensatz zur künstlerischen Akademie- oder Fachhochschulausbildung erlaubt es die Einbindung des Fachs Industrial Design in den Ausbildungszusammenhang der Universität Essen, bereits im Grundstudium an den wissenschaftlichen Angeboten anderer in Essen vertretener Fachbereiche zu partizipieren. Es können – entsprechend der Ausrichtung der Ausbildung auf die Herausbildung einer individuellen Qualifikation für den Bereich des Industrial Designs – im dritten und vierten Semester jeweils zwei externe Fächer (von insgesamt vier, Wahlpflicht) aus dem Bereich der sozialwissenschaftlichen Fächer zur Ergänzung der fachlichen Studienangebote genutzt werden. So bietet das Angebot aus dem Bereich Philosophie/Ästhetik einen Überblick über die wesentlichen Fragestellungen der Philosophie und über deren wichtigste Ansätze in Vergangenheit und Gegenwart; die Psychologie kann hier den theoretischen Hintergrund zur Klärung von Wahrnehmungs- und Aufmerksamkeitsmechanismen beisteuern; mit Hilfe der Soziologie lassen sich die gesellschaftlichen Umfeldbedingungen gestaltenden Handelns klären, und die Kommunikationstheorie schließlich vermittelt die Strukturen und Mechanismen menschlicher Mitteilungsformen im designrelevanten Kontext.

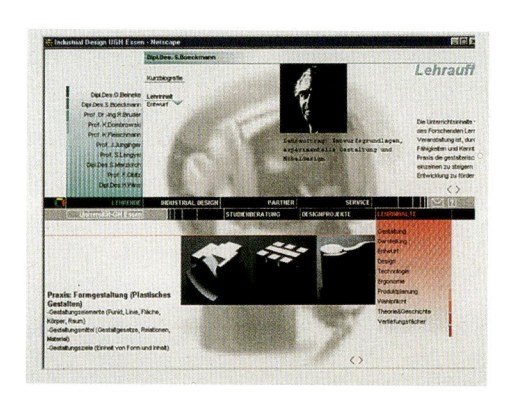

Web-Page des Studiengangs Industrial Design
Web-page of the course of studies of Industrial Design
1998

Competence in Social Sciences

In contrast to the practice in academies of art and technical colleges, the integration of the Department of Industrial Design into the total educational concept of the University of Essen allows students already in their basic studies to participate in the academic activities offered by other faculties. It is possible – in consideration of the training and encouragement of individual qualifications in the field of industrial design – to supplement studies in Industrial Design. During the third and fourth semesters students can choose two subjects (from a total of four subjects of choice) from the social sciences. Thus, in philosophy/aesthetics, it is possible to survey the essential questions asked by philosophy and the most important themes of the past and present. Psychology can explain the theoretical background of the mechanisms of perception and attention. Sociology helps to explain the social environmental conditions for designing activity and finally, communication theory provides the structures and mechanisms of human message forms in a design-relevant context.

Laser-Bearbeitungs-
zentrum
*Laser processing
center*
1991

Studenten
**Ralf Jakubowski
Marc Schmitt**

Competence in Economics

Two further external subjects must be chosen in the third and fourth semesters from the field of economics as supplementary studies. Business management teaches the basics and structures of business connections and decisions; lectures on Business Law provide a review of the problems of advertisement and the securing of legal rights for drafts and inventions, finally, lectures in Marketing allow insight into techniques in Business Methods which, within the framework of successful production planning, are part of Industrial Design.

Individual Specialisation

A special aspect of studies at the University of Essen is the possibility, during advanced studies, to qualify individually, including the specialisation necessary for a subsequent academic career and the writing of a doctoral thesis. After passing examinations in the repertoire of courses in Design, Presentation, Technology, Ergonomy, History of Design and Theory of Design, as also basic and advanced courses in Design Management, in each of the seventh and eighth semesters in Industrial Design studies, can choose a special field for closer study and a design project. Fields can be chosen from Design, Presentation, Technology, Ergonomy, Theory or Management.

Wirtschaftswissenschaftliche Kompetenz

Zwei weitere externe Fächer (Wahlpflicht) sollten im dritten und vierten Semester aus dem Bereich der wirtschaftswissenschaftlichen Fächer zur Ergänzung der fachlichen Studienangebote genutzt werden. Hier vermittelt die Betriebswirtschaftslehre die Grundzüge und Strukturen betrieblicher Zusammenhänge und Entscheidungen; Veranstaltungen zum Wirtschaftsrecht geben einen Überblick über spezifische Problemstellungen in der Werbung und für die rechtliche Absicherung von Entwürfen und Erfindungen und schließlich erlauben Veranstaltungen zum Marketing Einblicke in wirtschaftswissenschaftliche Arbeitsweisen, die im Rahmen einer erfolgreichen Produktplanung mit in den Aufgabenbereich von Industrial Designern fallen.

Individuelle Vertiefung der Kenntnisse

Eine Besonderheit des Studiums an der Universität Essen ist die Möglichkeit, sich als Student im Hauptstudium individuell zu qualifizieren, eingeschlossen die Spezialisierung für eine spätere wissenschaftliche Tätigkeit und Promotion. Nachdem die Fächer Gestaltung, Darstellung, Technologie, Ergonomie, Designgeschichte und -theorie, sowie Designmanagement im Grund- und Hauptstudium als repertoirebildende Lehrveranstaltungen mit einer Fachprüfung erfolgreich abgeschlossen worden sind, kann im siebten und achten Fachsemester jeweils eines der Fachgebiete Gestaltung, Darstellung, Technologie, Ergonomie, Theorie oder Management gewählt und mit einem Designprojekt verknüpft werden.

'Little Creatures'
Fahrradzubehör
für Kinder
'Little Creatures'
Bicycle equipment
for children
1996

Studenten
Ralph Kräuter
Ingo Neuburg
Peter Sommer

Isolierkanne 'Duo'
Thermos bottles 'Duo'
1999

Student
Christian Knapp

Autoradio für Blaupunkt
Car radio for Blaupunkt
1993

Studenten
**Susanne Merzkirch
Christoph Runge**

Certified Competence in Practice

Studies are completed by a diploma assignment executed during a period of six months; this can take the form of a practice-oriented task with a theoretical section or a scientific work. Candidates are required to show that they can carry out a detailed task in their own field but also in fields outside their own and that they are prepared to cooperate in an interdisciplinary way and to act responsibly in an awareness of the social importance of Industrial Design.

Diplomarbeit

Diploma Work

Verbriefte Praxiskompetenz

Den Studienabschluß bildet eine sechsmonatige praxisorientierte Diplomarbeit mit einem darauf bezogenen theoretischen Anteil oder eine wissenschaftliche Diplomarbeit. Der Kandidat soll zeigen, daß er eine Aufgabe seines Fachgebiets in ihren Einzelheiten wie auch in den fachübergreifenden Zusammenhängen lösen kann und bereit ist zu interdisziplinärer Zusammenarbeit und verantwortungsvollem Handeln gemäß der gesellschaftlichen Bedeutung des Industrial Design.

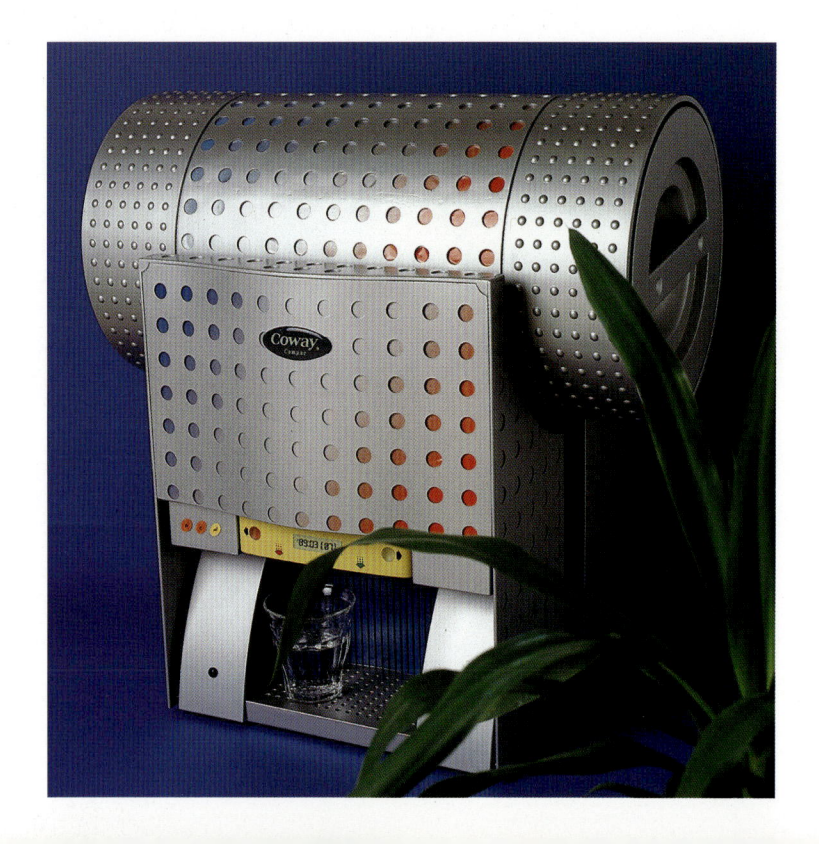

Wasserreinigungsgerät
Water cleaning device
1997

Student
Jong-Young Yoon in Zusammenarbeit mit Woongjin-Coway GmbH

Automobil für
Volkswagen
*Automobile for
Volkswagen*
1995

Student
Gorden Wagener

Autonomer Kanal-
roboter 'Alpha' für
das Forschungszen-
trum Automations-
technik GmbH, Köln
*Autonom canal
roboter 'Alpha'*
1996

Student
Karsten Thoms

Tauchermaske
Diving mask
1994

Student
Stefan Grobe

Traktor
Tractor
1996

Student
Sven Schaarschmidt

16mm Filmkamera
16mm filmcamera
1968

Student
Florian Seiffert

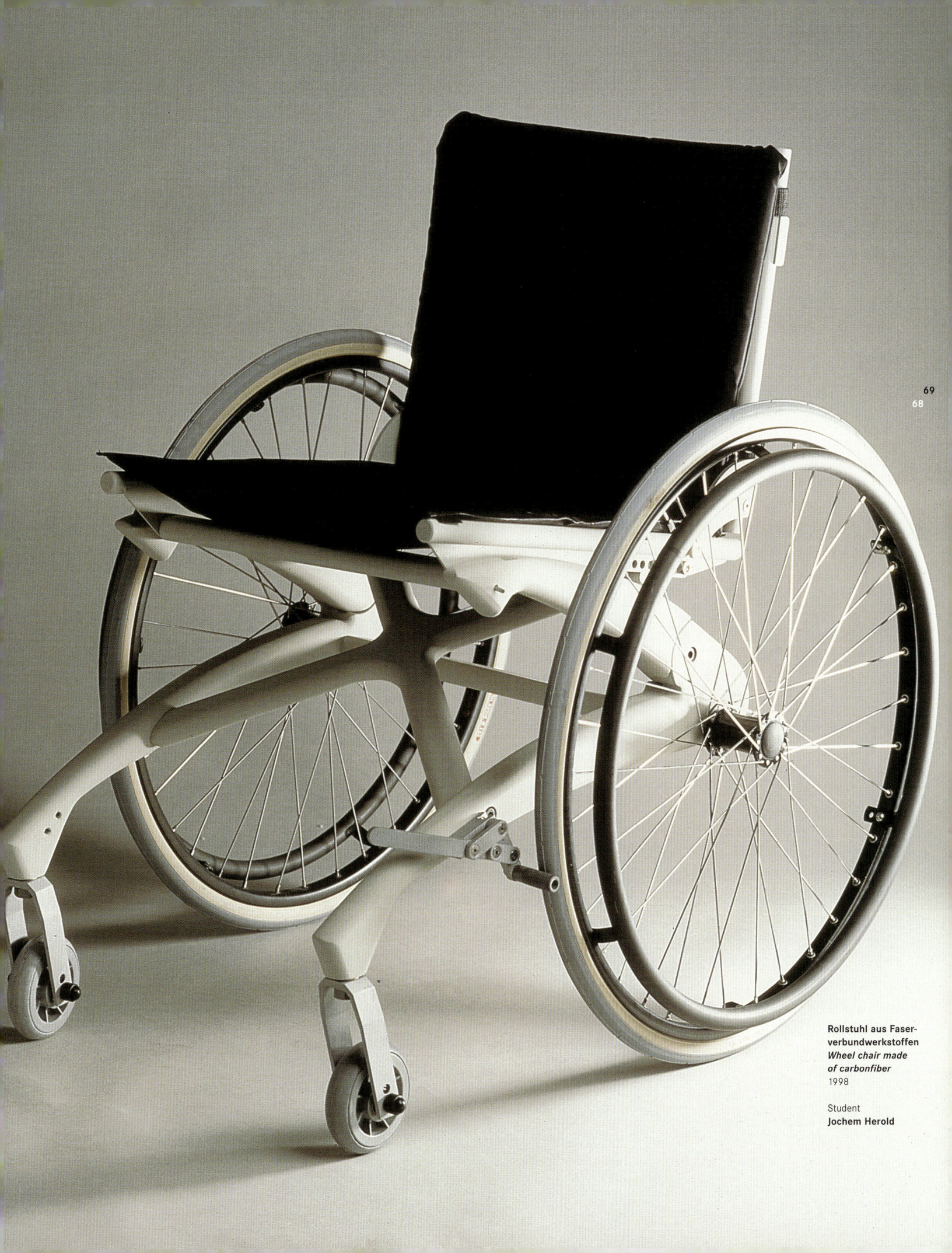

Rollstuhl aus Faser-
verbundwerkstoffen
*Wheel chair made
of carbonfiber*
1998

Student
Jochem Herold

Personal Home Communicator
Personal home communicator
1998

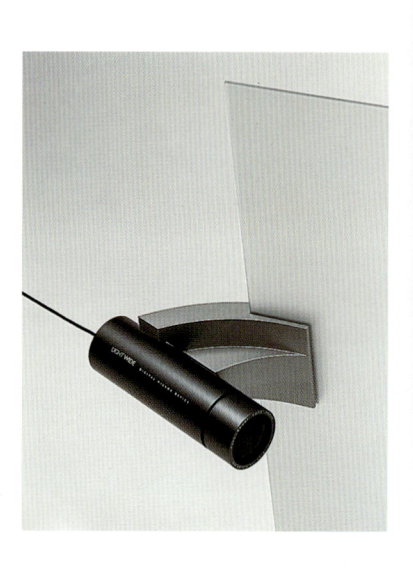

Student
Matthias Krappmann

**Bildschirmkom-
munikationseinheit**
*Monitor
communication unit*
1996

Student
Tobias Schmidt

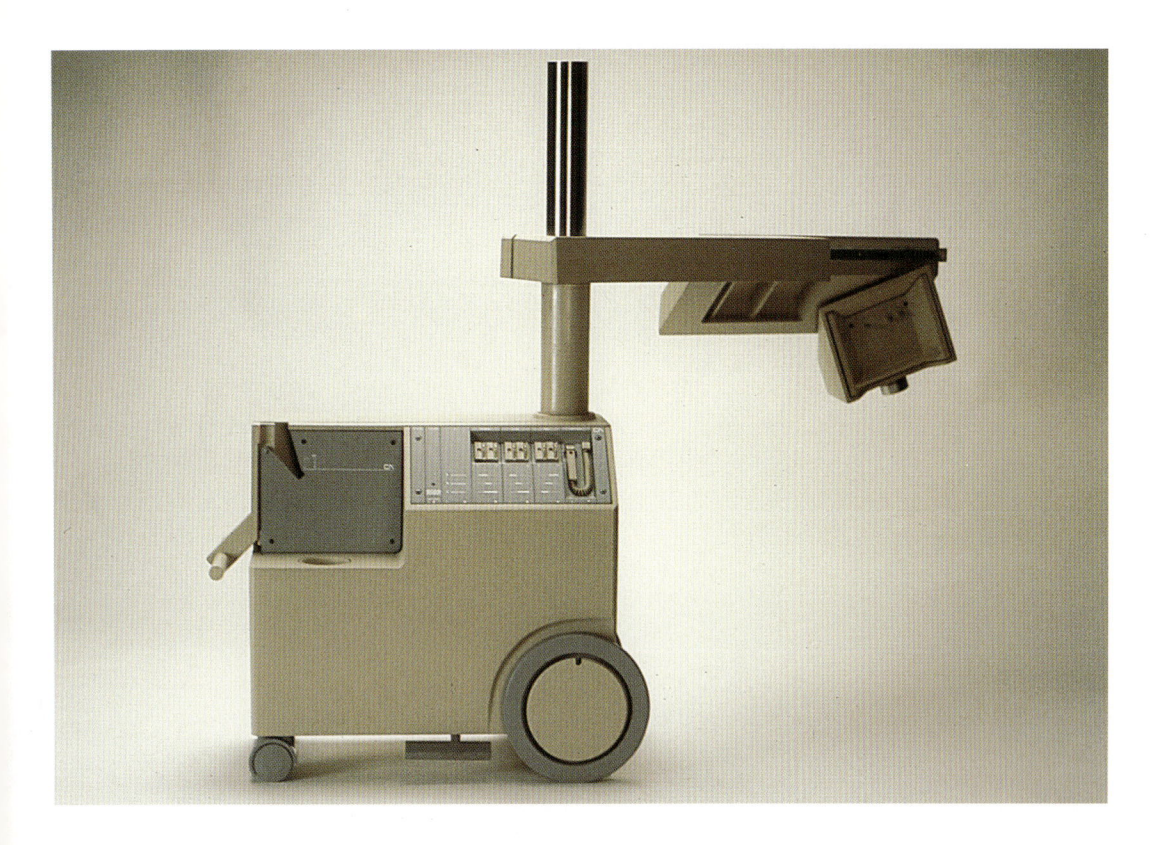

Holzverarbeitungs-
maschine
*Universal wood
processor*
1976

Student
Rolf Strohmeyer

**Mobiles
Röntgengerät**
Mobile x-ray unit
1977

Student
Attila Bruckner

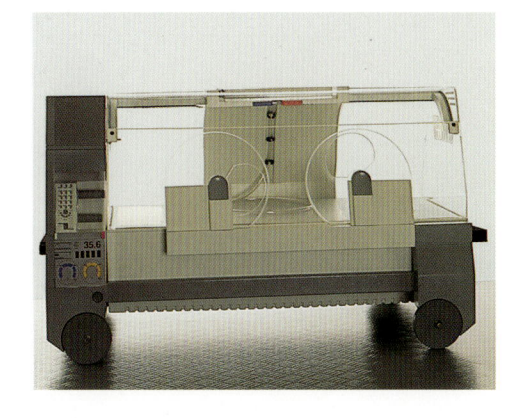

Mobiler Inkubator
Mobile incubator
1992

Student
Stefanie Radtke

73

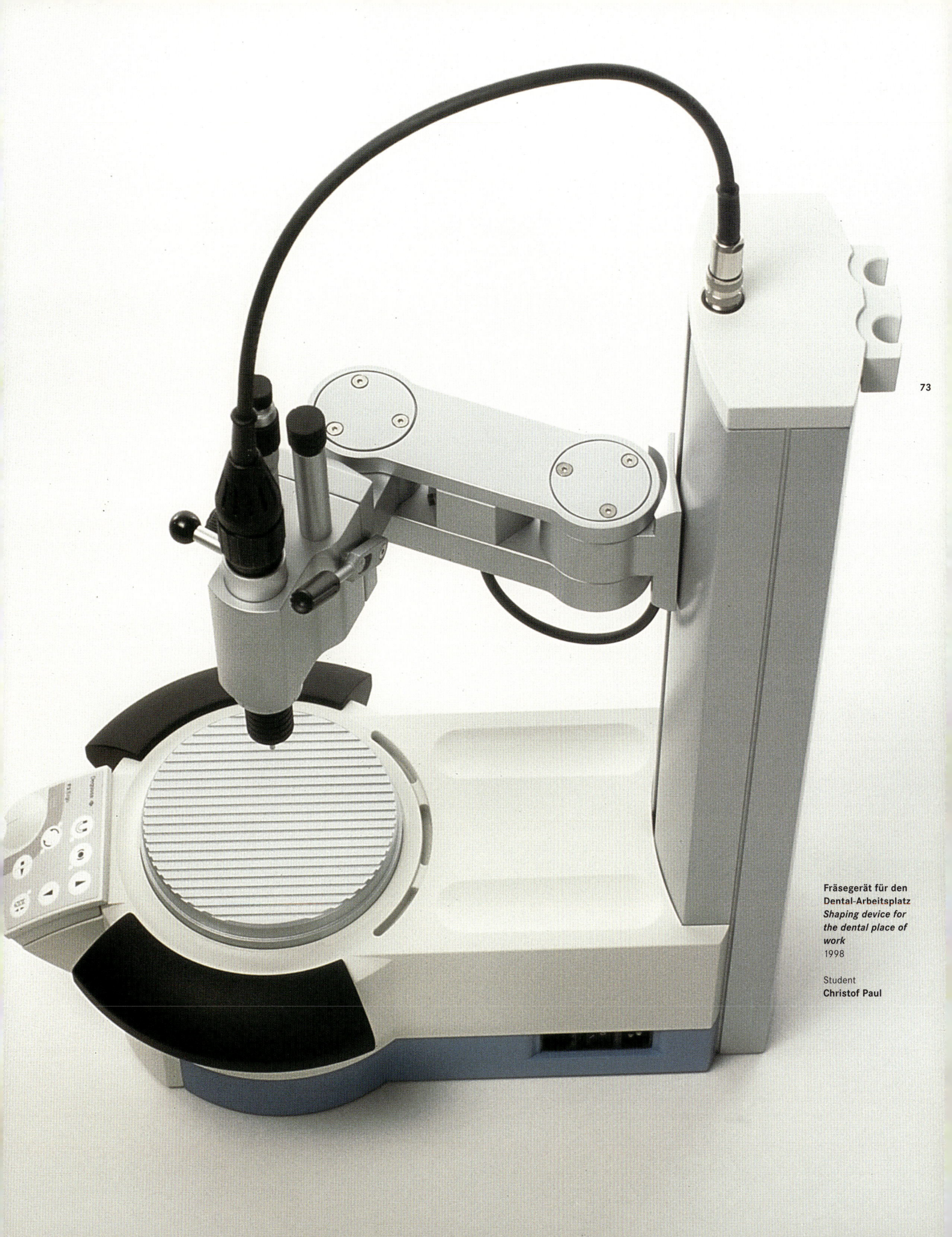

Fräsegerät für den Dental-Arbeitsplatz
Shaping device for the dental place of work
1998

Student
Christof Paul

Nahverkehrs Triebwagen
Commuter train
1994

Student
Hajo ten Thije

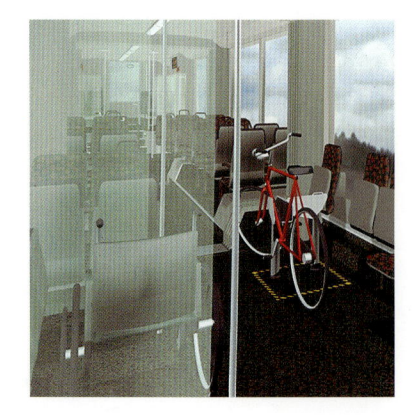

75

Digitales
Mediensystem
*Digital media
system*
1987

Student
Peter Weber

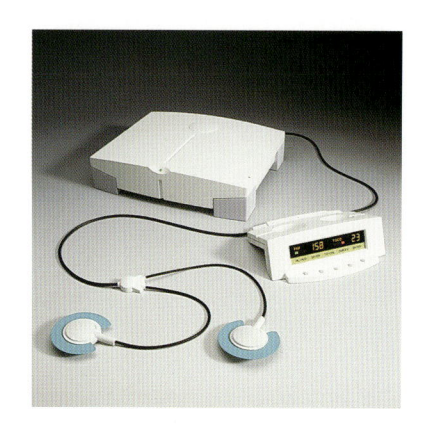

Kardiotoko-
graphisches Unter-
suchungsgerät
*Cordiotokographic
examination
equipment*
1995

Student
Christian Eichler

**Sicherheitstank-
fahrzeug**
Security truck
1992

Studenten
**Harald Kuhn
Andreas Nolte**

Europäische Integration der Studienangebote

European Integration of Study Courses

Europäischer Studenten- und Lehreraustausch

1990 entstand innerhalb des ERASMUS-Programms der Europäischen Union ein Netzwerk von mittlerweile 29 führenden europäischen Kunst- und Design-Hochschulen (CUMULUS). Seit 1997 setzen die beteiligten Universitäten innerhalb des SOKRATES-Programms, das nicht mehr von Brüssel, sondern von den einzelnen Hochschulen selbst organisiert wird, diese erfolgreiche Zusammenarbeit fort.

In diesem Rahmen sind in der Vergangenheit eine große Anzahl von internationalen Workshops durchgeführt worden, die aufgrund der fruchtbaren Ergebnisse auch weiterhin stattfinden werden. Einen besonderen Schwerpunkt bildet gegenwärtigen die Arbeit an neuen europaweit anerkannten Studienabschlüssen wie dem European Postgraduate Fellowship in Industrial Design, das sich auf forschungsorientierte Projekte in Zusammenarbeit mit der Industrie konzentriert und sich die unterschiedlichen Ausbildungsschwerpunkte der beteiligten Schulen zunutze macht. Ein weiteres Projekt ist die Ausbildung in Design-Spanish; das Angebot richtet sich an Studenten mit Grundkenntnissen der spanischen Sprache unter Zuhilfenahme neuer Medien, wie Videokonferenz.

European Exchange Programme for Teachers and Students

In 1990, within the ERASMUS programme of the European Union, a network of what is today 29 of the leading Art and Design Institutes (CUMULUS), was formed. Since 1997 the universities concerned have continued this work – today organised by the universities themselves and no longer from Brussels – within the SOCRATES programme.

Within this framework, in the past, a great number of international workshops have been conducted, that, because of their fruitfulness, will be continued in the future. At present, there is special emphasis on work on the new university qualifications, recognised throughout Europe, such as the European Postgraduate Fellowship in Industrial Design that concentrates on research projects in cooperation with industry and makes use of the different specialist courses of the institutes concerned. A further project is the Design-Spanish-course of studies. This offer is directed to students with basic knowledge of Spanish under support of new media such as video-conferences.

Das European Credit Transfer System (ECTS)

Die Europäische Kommission unterstützt bilaterale Verbindungen zwischen europäischen Universitäten mit dem Ziel, die Qualität der Lehre im europäischen Kontext zu sichern und zu verbessern. Gezielt gefördert wird mit diesem Programm die Anerkennung der an einer Partneruniversität erbrachten Prüfungen und Studienleistungen im Rahmen von Auslandsaufenthalten. Um die Anerkennung von im Ausland erbrachten Studienleistungen auf einer möglichst unbürokratischen Ebene zu gewährleisten, wurde das ECTS als Pilotprojekt innerhalb des ERASMUS-Programmes gestartet. ECTS erlaubt Transparenz, kann Brücken zwischen Partneruniversitäten bauen und erweitert die Wahl an Hochschulen für die Studierenden. Basis der Zusammenarbeit ist der Informationsaustausch über Studienangebote und Prüfungen sowie beiderseitige Abstimmungen zwischen Partneruniversitäten und Studierenden. Auf dieser Basis wurde das System der ECTS-Credits eingerichtet, das erbrachte Studienleistungen vergleichbar macht. So konnte durch drei Grundbausteine – Informationspaket, Abstimmungsvereinbarung und Zeugnis – eine Anerkennung der an Partneruniversitäten erbrachten Leistungen und Prüfungen, gleich welcher Art, realisiert werden.

The European Credit Transfer System (ECTS)

The European Commission supports bilateral connections between European universities with the aim of securing and improving the quality of teaching in the European context. This programme is directly encouraged by the recognition of examinations and student qualifications at partner universities during a period of international studies. In order to ensure recognition of international qualifications, in the most unbureaucratic way possible, the ECTS programme was started within the ERASMUS programme. ECTS provides clarity, can build bridges between partner universities and extends the range of choice of universities. The basis of cooperation is the exchange of information about study courses being offered and examinations as well as mutual consultation between partner universities and students. On this basis, the system of ECTS-Credits has been established to make possible a comparison of student performance. Thus, the three foundation stones – Information Package, Consultation, and Certification – have made possible recognition of all types of student performance and examinations at partner universities.

Hans Kneller
Lehrbeauftragter
(Designpraxis)
Lecturer
(Design practice)

Studienplan

Study Plan

1. Semester

Grundlagen des Entwerfens
Gestaltungsgrundlagen
Darstellungsgrundlagen
Entwurfsgrundlagen

Ergonomie
Grundlagen Ergonomie

Designgeschichte
Kunst- Kulturgeschichte

2. Semester

Grundlagen des Entwerfens
Gestaltungsgrundlagen
Darstellungsgrundlagen
Entwurfsgrundlagen

Technologie
Grundlagen Konstruktion

Ergonomie
Grundlagen Ergonomie

Designgeschichte
Kunst- Kulturgeschichte

1. Semester

Basic design
Basics of form
Basics of presentation techniques
Basics of design

Ergonomics
Basics of ergonomics

History of design
History of art and culture

2. Semester

Basic design
Basics of form
Basics of presentation techniques
Basics of design

Technology
Basics of construction

Ergonomics
Basics of ergonomics

History of design
History of art and culture

3. Semester

Grundlagen des Entwerfens
Wahlpflicht:
Plastische Gestaltung
Farb- und Flächengestaltung
Schrift und Typografie
Fotografische Darstellung
Zeichnerische Darstellung und CAD

Industrial Design, Entwurf
Designübung, methodisch

Technologie
Grundlagen Werkstoffe
Grundlagen Fertigung

Designtheorie
Grundlagen Designtheorie

Wissenschaftliche Wahlpflichtfächer
Philosophie/Ästhetik
Soziologie/Psychologie
Kommunikationstheorie
Grundlagen BWL
Grundlagen Markteting
Grundlagen Recht

4. Semester

Grundlagen des Entwerfens
Wahlpflicht:
Plastische Gestaltung
Farb- und Flächengestaltung
Schrift und Typografie
Fotografische Darstellung
Zeichnerische Darstellung und CAD

Industrial Design, Entwurf
Designübung, experimentell

Technologie
Grundlagen Werkstoffe
Grundlagen Fertigung

Designtheorie
Grundlagen Designtheorie

Wissenschaftliche Wahlpflichtfächer
Philosophie/Ästhetik
Soziologie/Psychologie
Kommunikationstheorie
Grundlagen BWL
Grundlagen Markteting
Grundlagen Recht

3. Semester

Basic design
Options:
Plastic design
Colour and surface design
Type and typography
Photographic presentation
Graphic presentation
and CAD

Industrial Design, sketch
Design practice,
methodological

Technology
Basics of materials
Basics of production

Design theory
Basics design theory

Scientific compulsory subjects
Options:
Philosophy/Aesthetics
Sociology/Psychology
Communication theory
Basics of business management
Basics of marketing
Basics of law

4. Semester

Basic design
Options:
Plastic design
Colour and surface design
Type and typography
Photographic presentation
Graphic presentation
and CAD

Industrial Design, sketch
Design practice,
experimental

Technology
Basics of materials
Basics of production

Design theory
Basics design theory

Scientific compulsory subjects
Options:
Philosophy/Aesthetics
Sociology/Psychology
Communication theory
Basics of business management
Basics of marketing
Basics of law

5. Semester

Industrial Design, Entwurf
Designprojekt 1

Technologie
Konstruktion

Ergonomie

Designgeschichte

Designtheorie

Designmanagement

6. Semester

Industrial Design, Entwurf
Designprojekt 1

Technologie
Konstruktion

Ergonomie

Designgeschichte

Designtheorie

Designmanagement

7. Semester

Industrial Design, Entwurf
Designprojekt 2

Vertiefungsfach
Wahlpflicht:
Gestaltung
Darstellung
Technologie
Ergonomie
Theorie
Management

8. Semester

Industrial Design, Entwurf
Designprojekt 3

Vertiefungsfach
Wahlpflicht:
Gestaltung
Darstellung
Technologie
Ergonomie
Theorie
Management

9. Semester
Diplomarbeit

5. Semester

Industrial Design, sketch
Design project 1

Technology
Construction

Ergonomics

History of design

Design theory

Design management

6. Semester

Industrial Design, sketch
Design project 1

Technology
Construction

Ergonomics

History of design

Design theory

Design management

7. Semester

Industrial Design, sketch
Design project 2

Special subjects
Options:
Design
Presentation techniques
Technology
Ergonomics
Theory
Management

8. Semester

Industrial Design, sketch
Design project 3

Special subjects
Options:
Design
Presentation techniques
Technology
Ergonomics
Theory
Management

9. Semester
Diploma project

Arbeiten der Absolventen aus der Praxis

Projects of Graduates from Practice

**Filmkamera
'Nizo 2056 sound'**
*Filmcamera
'Nizo 2056 sound'*
1976

Braun

Design
**Werksdesign
(Peter Schneider)**

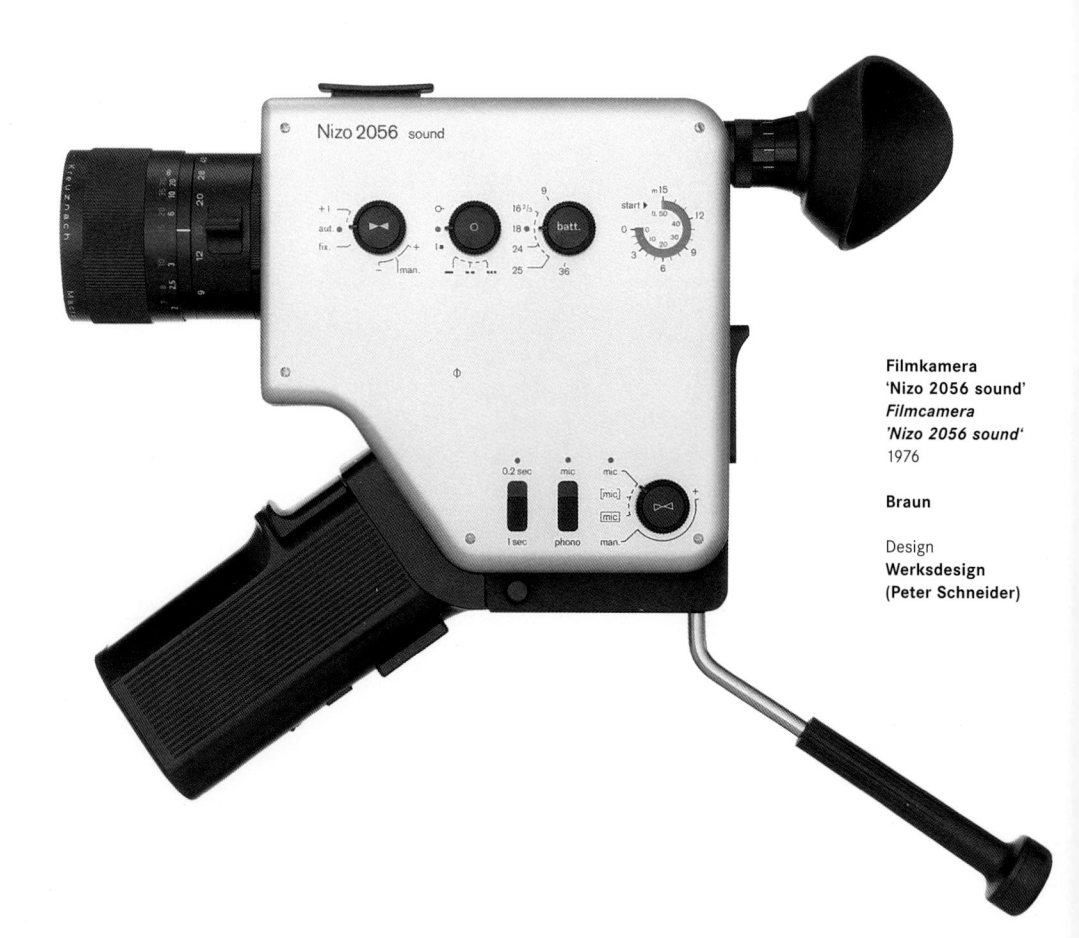

**Tisch- und Weckuhr
'DN 50'**
Alarm clock 'DN 50'
1979

Braun

Design
**Werksdesign
(Ludwig Littmann)**

Kaffeemaschine 'KF20'
Coffee maker 'KF 20'
1972

Braun

Design
Werksdesign
(Florian Seiffert)

**Bürostühle
Kollektion L**
*Office chairs
collection L*
1995

Martin Stoll GmbH

Design
**LK Industrial Design
(Michael Lammel),
in Zusammenarbeit
mit Matteo Thun,
Mailand und RWTH,
Aachen, Kunststoff-
institut**

'Modus'
Bürostuhl-Programm
*'Modus' Office chair
collection*
1994

Wilkhahn

Design
**Wilkhahn Design
(Klaus Franck,
Werner Sauer)**

**'Dublin'
Freischwinger**
'Dublin' Cantilever
1998

Sedus Stoll AG

Design
**Werksdesign
(Michael Kläsener)**

'Nex' Stapelstuhl
'Nex' Stacking Chair
1996

Cabas SRL

Design
**Design Ballendat
(Martin Ballendat)**

Dunstabzugshaube
Hood
1994

Miele & Cie

Design
**Werksdesign
(Uwe Hahn)**

**Kombination
Backofen und
Mikrowellenlifttür**
*Oven and
Microwavedoor*
1994

Miele & Cie

Design
**Werksdesign
(Uwe Hahn)**

**Küchenmöbel
'Avantgarde'**
*Kitchen furniture
'Avantgarde'*
1996

Miele & Cie

Design
**Werksdesign
(Susanne Merzkirch)**

Schreibtischsystem
'x-Act'
Desk-system
'x-Act'
1996

Planmöbel

Design
Werner Sauer

Regalobjekt für
die Geschäfte
von Gene Cabaleiro
Shelve Objects for
Gene Cabaleiro shops
1992

Design
J. R. Mendez-Salgueiro

**Lichtplanung
(Ratsaal der Stadt
Iserlohn)**
*Light-planing
(council hall of the
city of Iserlohn)*
1991

Stadt Iserlohn

Design
**Wila Werksdesign
(Andreas Henrich)
in Zusammenarbeit
mit Ingenieurbüro
Bickmann, Iserlohn
und Schrodt
Bauconsult Ursula
Daniel-Schradt**

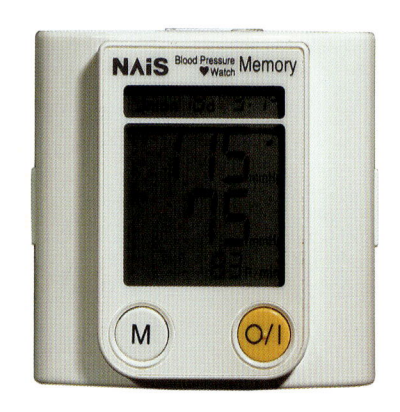

**Blutdruckmeßgerät
Measuring**
Instrument for blood pressure
1997

Nais Matsushita Electic Works Japan

Design
**Seiffert & Kahlcke Design
(Florian Seiffert)**

**Kabelbündler
'Ondaspot'**
*Cable-winder
'Ondaspot'*
1997

Ondal, Wella AG

Design
**A1 Productdesign
(Lucian Reindl)**

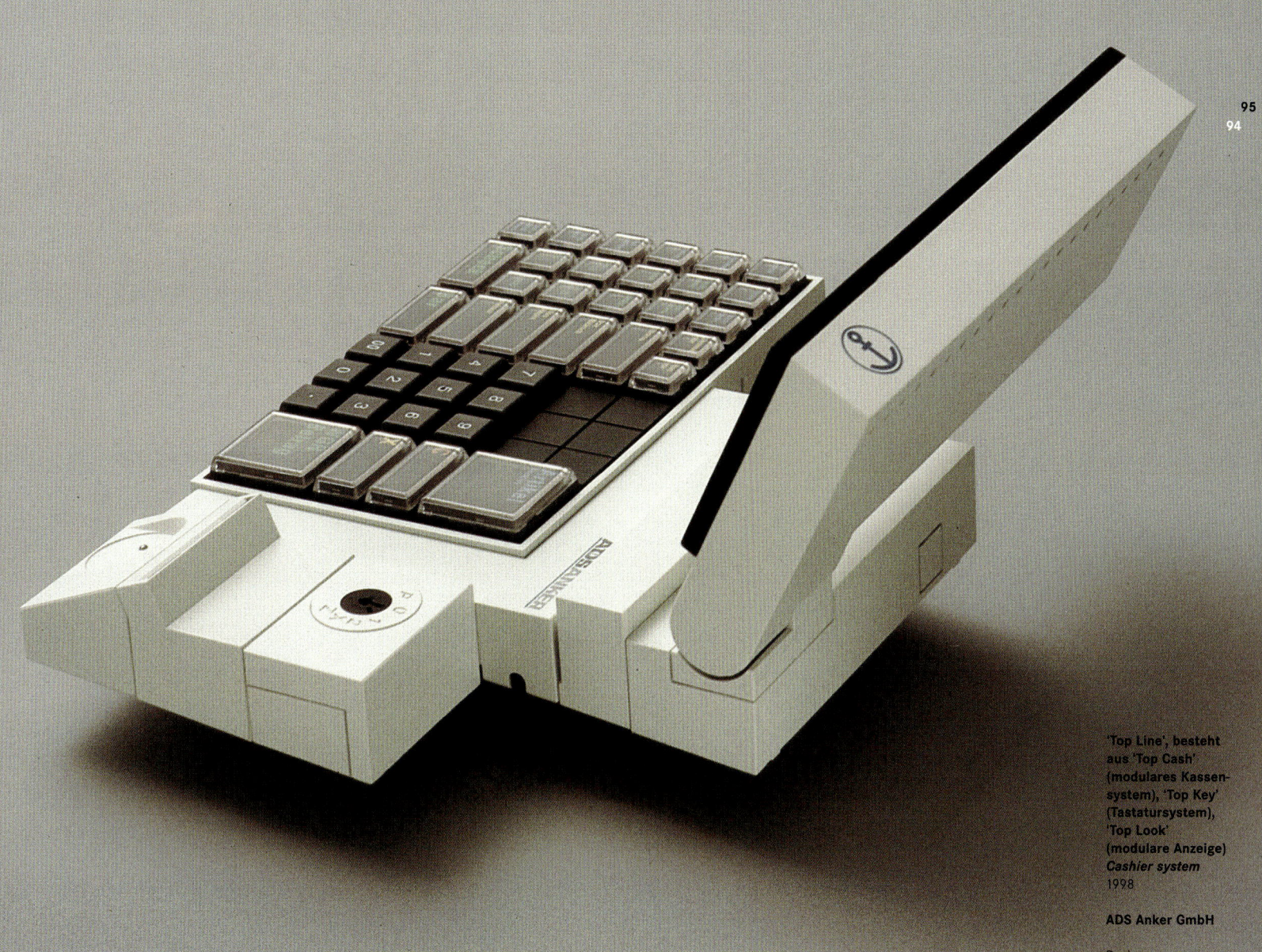

'Top Line', besteht aus 'Top Cash' (modulares Kassensystem), 'Top Key' (Tastatursystem), 'Top Look' (modulare Anzeige)
Cashier system
1998

ADS Anker GmbH

Design
**Design & Identität
(Ulrich Hirsch,
Burkhard Peters)**

Stereoanlage,
Multimedia Center
*Stereo equipment,
multimedia center*
1997

Dual

Design
**Team frogdesign,
Altensteig
(Peter Weber)**

HV Strahler 'Toto 65'
HV Spotlight 'Toto 65'
1998

**Bruckner & Schröter
Lichttechnik GmbH**

Design
Attila Bruckner

Corporate Design
und Produkte für
Lufthansa
*Corporate Design
and products for
Lufthansa*
1996-1999

Lufthansa

Design
Team frogdesign
(Peter Weber)

**Kommunikations-
system für
Krankenhäuser**
*Communication
system for hospitals*
1998

Philips

Design
**Manfred Nitsch
in cooperation with
Philips Design Team**

'Credo-Techno',
Heizkörper
'Credo-Techno',
Radiator
1996

Kermi GmbH

Design
**Oco-Design
(Theo Wolf)**

**Fernbedienter
Phoropter 'Optophor'**
*Remote controlled
Phoropter 'Optophor'*
1994

Carl Zeiss

Design
**Oco-Design
O.K. Nüsse
(Wolfram Becker)**

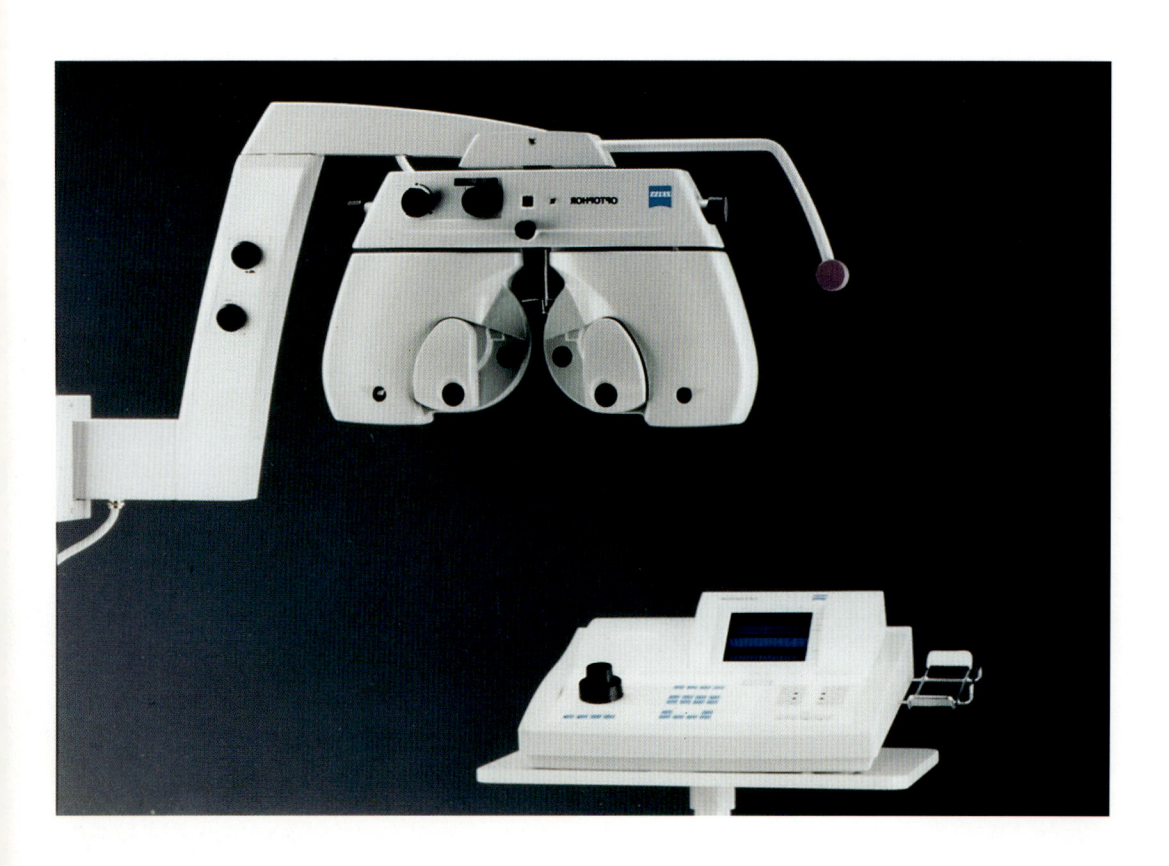

**Espressomaschine
'CI Due 23'**
*Espressomachine
'CI Due 23'*
1987

Imperial Werke

Design
**T.B.A.
(Nicolas Thomkins,
Stefan Ambrozus)**

**Handstaubsauger
'Kobold'**
*Hand-held vacuum
cleaner 'Kobold'*
1997

**Vorwerk
Elektrowerke
GmbH & Co KG**

Design
**Werksdesign
(Rolf Strohmeyer,
Uwe Kemker)**

**Automobil
'allroad quattro'**
*Automobile
'allroad quattro'*
1998

Audi

Design
**Werksdesign
(Lutz Sauvant)**

102

Mercedes-Benz

Design
Werksdesign
(Harald Leschke)

Showcar 'C 112'
Showcar 'C 112'
1991

**Showcar 'F 300'
Life-Jet**
*Showcar 'F 300'
Life-Jet*
1997

Showcar 'F 300'
Life-Jet
Showcar 'F 300'
Life-Jet
1997

Cockpit
Cockpit
1998

BMW

Design
**Werksdesign
(Heinz-Georg Abbing)**

Opel 'Speedster'
Opel 'Speedster'
1999

Adam Opel AG

Design
**Werksdesign
(Hans Seer)**

'Lupo'
1998

Volkswagen AG

Design
**Werksdesign
(Rüdiger Folten)**

'Golf'
1997

Volkswagen AG

Design
**Werksdesign
(Rüdiger Folten)**

'New Beetle'
1998

Volkswagen AG

Design
**Werksdesign
(Rüdiger Folten)**

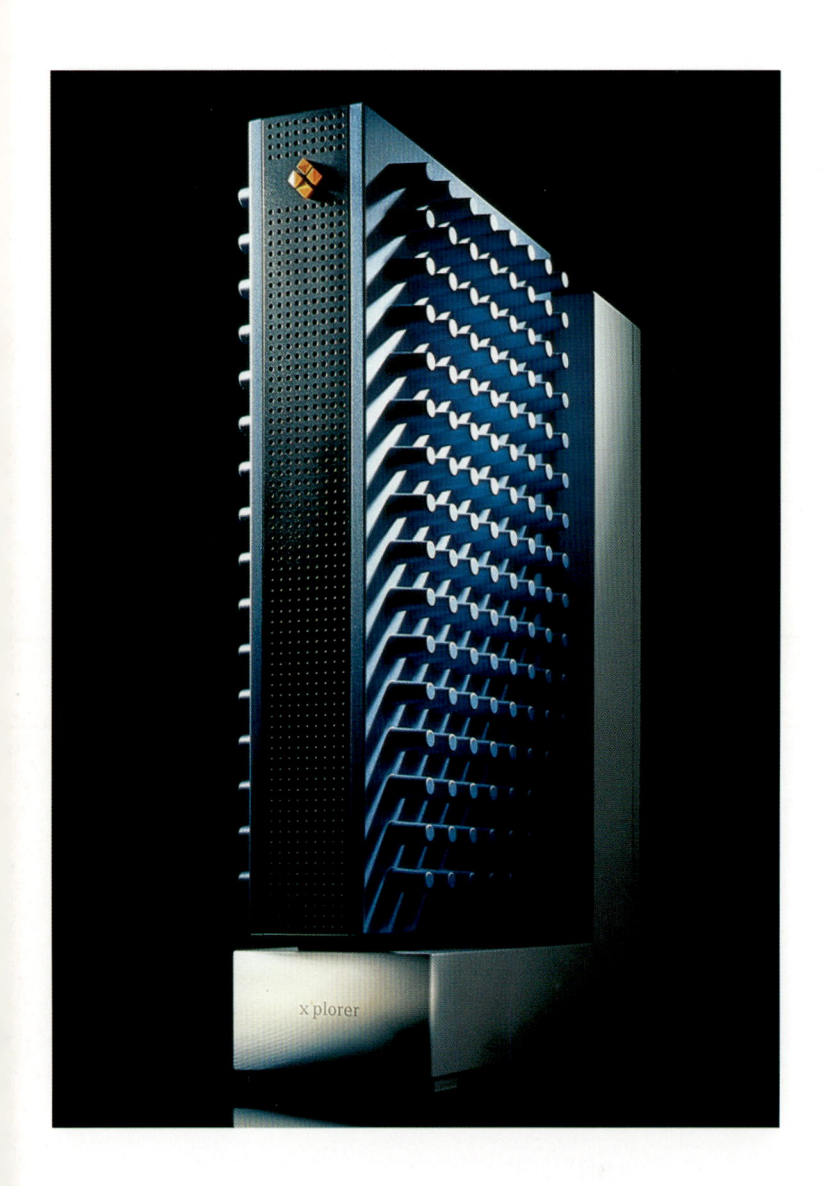

Parallel Powercomputer 'Parsytec'
Massively Parallel Processing Computer 'Parsytec'
1992

Parsytec

Design
**via4 Design
(Thomas Gerlach)**

Multi Media Monitor 'Duo'
Multi Media Monitor 'Duo'
1996

ADI

Design
**via4 Design
(Thomas Gerlach)**

111
110

Multi Scanning
Compactlab 'MSC 101'
*Multi Scanning
Compactlab 'MSC 101'*
1994

Agfa

Design
**Schlagheck Design
(Norbert Schlagheck,
Fred Brendel)**

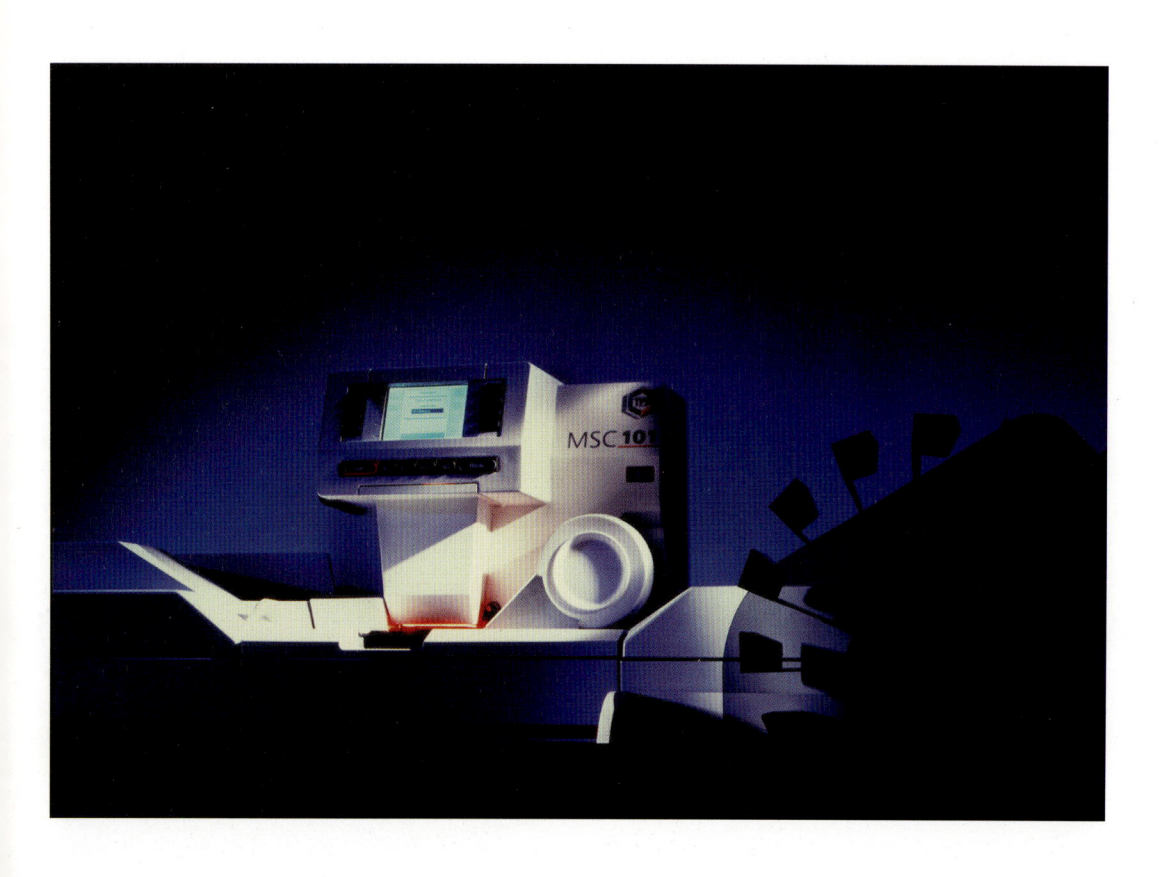

Super 8 Kamera
Super 8 camera
1970

Agfa

Design
**Schlagheck
Schultes Design
(Norbert Schlagheck)**

113
112

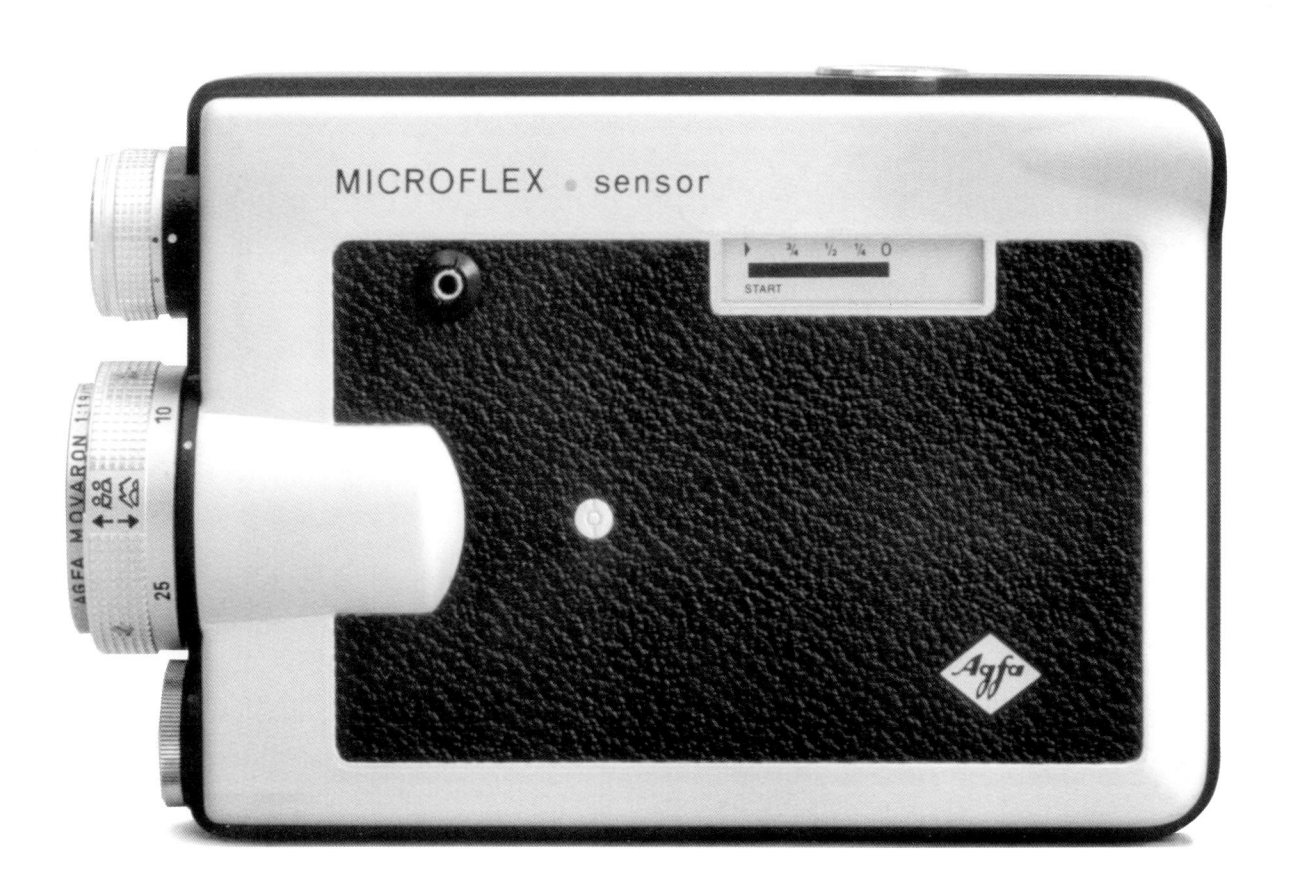

Theorien zum Design

Theories of Design

Design als Wissenschaft
Design as a Science
Norbert Bolz

Die Gründung des Deutschen Werkbundes markiert deutlich sichtbar den Anschluß der Gestaltung an die Industrie – man könnte von einer Geburtsstunde des Industrial Design sprechen. Kunst orientiert sich neu in der Welt der Maschinen. In der expressionistischen Frühphase des Bauhauses herrschte noch das Maß des Menschen; dafür steht Johannes Itten ein. Mit dem Erscheinen Moholy-Nagys tritt die Industrienorm an die Stelle des Humanum. Das Lebensgefühl der Handwerkergemeinschaft weicht der Präzision von DIN und Designwissenschaft.

Was schon das Bauhaus mit dem Futurismus und Konstruktivismus verbindet, ist das hohe Bewußtsein von maschineller Funktion, industrieller Konstruktion und neuen Materialien. Diese technische Ästhetik räumt mit allen kraftlosen Humanismen auf und entfaltet die Spielräume der technologischen Antiphysis. Statt im Namen einer beschädigten Natur Abstinenz von der Technik zu predigen, übt sie eine Mensch-Maschine Synergie unter neuen Medienbedingungen ein. Ästhetik orientiert sich weg von der Kunst und hin zu den Kommunikationsmedien. Konkret zeigt sich das in der multimedialen Gestaltung von Werbung. Grafik-Design entsteht genau in dem Augenblick, da Reklame zum Objekt von Wissenschaft wird. Und überhaupt soll an die Stelle der traditionellen ästhetischen Theorie eine Designwissenschaft treten.

Zwar sieht Max Bill die HfG Ulm in klarer Kontinuität zum Bauhaus – und in der Tat haben einige Bauhäusler Gastvorlesungen in Ulm gegeben.

The establishment of the German Werkbund marked clearly the connection of design to industry – one could actually speak of the birth of Industrial Design. Art found a new orientation in the world of machinery. In the early Expressionism stage of the Bauhaus, the measure was still that of human beings – as Johannes Itten always maintained. With the coming of Moholy-Nagys, industrial norms replaced those of Humanism. The life feeling of the Crafts Union gave way to the precision of DIN and Design Science.

What already connected the Bauhaus to futuristic and constructivist theories was the intense awareness of the functions of machines, industrial construction and new materials. This technical aesthetics did away with all the ineffective ideas of Humanism and made leeway for the technological antibody. Instead of preaching the renunciation of machinery, in the name of injured Nature, it practised a manmachine synergism, under the conditions set by the new media. Aesthetics moved away from art in the direction of the new communication media. This direction revealed itself concretely in the multimedia designing of advertisement. Graphic Design is created exactly at the moment that promotion is made an object of science. In general, a science of design was to replace traditional aesthetic theory.

It is true that Max Bill sees the HfG Ulm as a clear continuation of the Bauhaus – and in actual fact, a number of Bauhaus members have given guest lectures in Ulm.

Aber schon der Rektor der frühen 60er Jahre, Otl Aicher, grenzt das Ulmer Design klar von der Kunst ab. Wie in der Geschichte des Bauhauses wird das traditionalistische, kunstnahe Gründungsprogramm rasch verabschiedet. Aicher verkündet „ein auf Technik und Wissenschaft abgestütztes Modell des Designs. Der Designer nicht mehr übergeordneter Künstler, sondern gleichwertiger Partner im Entscheidungsprozeß des industriellen Produktkunstgewerbes werden preisgegeben." Design wird kybernetisch verstanden als Gestaltungsprozeß mit Feedback-Schleifen – charakteristische Stichworte sind: Systemdesign und Modularanordnung.

Otl Aicher fordert eine Industriearchäologie, die dem Design eine theoretische und geschichtliche Grundlage gibt, und d.h. eben: einen Theoretiker der technischen Artefakte analog zum Kunstwissenschaftler. Neben den schönen Schein soll die technische Designschönheit treten. Die fundamentale Unterscheidung in der Designwissenschaft ist also die zwischen Design und Kunst. Design verhält sich zur Kunst wie Wissen zum Glauben. Insofern ist Design theoriepflichtig und hat eine eigene Form der Schönheit: das Technikschöne. Der zweckgerichteten Entwurfsarbeit des Designers kann Kunst nur störend dazwischenkommen. *Die Nahtstelle von Artefakt und Hand ist mit Kunstvorstellungen nicht lösbar* – und Nahtstelle heißt natürlich Interface, Benutzeroberfläche. Es gibt also keine ästhetische Logik der Evolution technischer Formen. In dieser Frage war auch das technisch orientierte Bauhaus noch nicht radikal genug; denn wer die Technik als Formenrepertoire begreift, steht noch unter der Herrschaft der Kunst.

However, in the early sixties, the Rector at that time, Otl Aicher, already separated Ulm design very clearly from art. As in the history of the Bauhaus, the traditional, artoriented foundation programme was quickly dispensed with. Aicher announced "a model of design related to technology and science. The designer is no longer a superior artist, but an equal partner in the decisions made in industrial production. The last relics of Werkbund arts and crafts will be abandoned." Design will be cybernetically understood as a design process with feedback loops – Characteristic headwords are System Design and Modular Arrangement.

Otl Aicher calls for an Industrial Archeology to give design a theoretical and historical basis, and this actually means: a theoretician of technical artefacts, analogous to the scholar of art. The beauty of technical design is to take its place alongside beauty of appearance. The basic differentiation within the science of design is that between design and art. Design has the same relationship to art as knowledge to belief. To this extent, design must have its own theory and its own ideal of beauty, which is technological. Art can only interfere with the practically oriented sketches of the designer. The link between artefact and hand cannot be destroyed through any idea of art. *By link, interface, user surface is meant, of course.* Thus it is clear that there is no aesthetic logic in the evolution of technological forms. In this regard, the technologically oriented Bauhaus was also not radical enough – anyone who understands technology as a repertoire of forms is still under the rule of art.

Das Design richtet sich also nicht mehr auf Einzelobjekte, sondern auf Systeme. Struktur, Raster, Pattern, Netzwerk – das sind Schlüsselbegriffe eines nichtlinearen Designprozesses, der den modernen Lebensbedingungen entspricht. Formulieren wir die implizite Anthropologie dieses Designkonzepts etwas deutlicher: Nicht die Grenzen des Körpers, sondern die Grenzen meiner Geräte sind die Grenzen meiner Welt. Der Mensch ist kein Naturwesen, und deshalb vollzieht sich die Menschwerdung des Menschen in der Innervation seiner Techniken. Designwissenschaft begreift den Menschen also nicht biologisch, sondern systemisch: „Er ist nicht, er richtet sich ein. (...) Erst Geräte, solche des Machens oder solche der Kommunikation, vervollständigen uns und setzen uns in unsere Menschlichkeit ein. Der Mensch, jeder einzelne, entfaltet sich nach Maßgabe seiner richtigen Geräte" (Otl Aicher).

Um aber Geräte, also technische, organisierte Gegenstände zu verstehen, muß man sie im Gebrauch studieren. Und in der Tat läßt sich der berühmte Satz Wittgensteins – „Die Bedeutung eines Wortes ist sein Gebrauch in der Sprache" – sehr gut auf das Design übertragen. Der Designer hat es nicht mit künstlerischen Formen, sondern mit Lebensformen zu tun. Man könnte auch sagen: Design ist die Hermeneutik der Technik. Die Aufmerksamkeit auf den Gebrauch soll die Sprache der Sache selbst vernehmlich machen.

Der Grundgedanke lautet: Gerade das Bekannte, Gebräuchliche ist uns unbekannt. Es geht für den Designwissenschaftler nicht darum, in die Tiefe vorzudringen, sondern die Oberfläche zu entdecken. Diese Designer-Logik der Oberfläche operiert nicht kausal, sondern spielerisch – in einer Art Darwinismus der Formen.

Design is thus no longer directed towards individual objects, but towards systems, structure, framework, pattern, network – these are the keywords of a nonlinear design process, corresponding to the modern circumstances of life. To express the implicit anthropology of this concept of design more clearly: not the borders of my own body, but the borders of my tools are the borders of my world. Man is not a child of nature and therefore the humanisation of man is fulfilled in the innervation of his technologies. Man understands the science of design, not biologically, but systemically: "He does not exist, he sets himself up. (...) It is only tools, those for construction or those for communication, that complete us and establish our humanity. Every human being unfolds himself according to the dimensions of appropriate tools" (Otl Aicher).

But, in order to understand tools, i.e. technologically organised objects, one has to study them in actual use. And, in fact, one can very effectively transfer a famous statement of Wittgenstein to design: "The meaning of a word is the way it is used in a language." The designer is not concerned with artistic forms, but with life forms. One could also say: Design is hermeneutic technology. Attention to its use should make the object's own language clear.

The basic idea is that it is just the known, the commonplace, that is, in actual fact, unknown. The scholar of design does not want to penetrate the depths, but rather to explore the surface. This surface designerlogic does not operate logically, but playfully – in a kind of Darwinistic approach to forms.

Gerade für das Design gilt das survival of the fittest: Zweckmäßig ist, was im Spiel der Gebrauchsformen übrigbleibt, was paßt. Das ist das Selektionsprinzip der Bewährung im Gebrauch. D.h. aber: Die Wirkungen sind die Ursachen der Formevolution. Hier wird die Designtheorie kybernetisch: An die Stelle der Ursache-Wirkungs-Verkettung tritt der Regelkreis.

Es ist heute wohl unstrittig, daß das Design der Schnittstelle von Telekommunikation, Neuen Medien und Computertechnologien die wichtigste gestalterische Aufgabe der Zukunft ist. Wir brauchen dazu eine neue Designwissenschaft, die die Probleme eines kommunikationszentrierten Technologie-Einsatzes untersucht. Ist es ein Punkt, eine Fläche, ein Raum, wo der User auf sein Gadget, der Mensch auf die Maschine stößt? Wo uns Design mit einem Zauberschlag die Angst vor den opaken Artefakten nehmen soll? Interface-Design muß das Problem der Black Box und Sinn-Design das Folgeproblem des reinen Funktionierens lösen. Wir können daraus schließen: Design ist die Einheit der Differenz von Form und Funktion. Und diese Definition markiert auch deutlich, was eine Designwissenschaft von Kunst- und Naturwissenschaften trennt. Als Wissenschaft des Artifiziellen besiedelt die Designwissenschaft eine noch unerforschte Mitte zwischen Analyse und Ästhetik.

Design hat es also längst nicht mehr nur mit Gegenständlichem, sondern immer mehr mit Medialem, vor allem mit der Welt computergestützter Kommunikation zu tun. Gerade auch für Designer gilt: der Weg führt weg von der Hardware, hin zur Software. Natürlich gilt auch weiterhin, daß Design die Lesbarkeit der Welt steigert. Doch das erreicht man heute nicht mehr, indem man *sachlich* versucht, Formen an Funktionen abzulesen.

It is just in design that the principle of the survival of the fittest rules. Effective is what survives, what is suitable, in the game with practical forms. The principle of selection is proof in use. However this also means that the results are the causes in the revolution of forms. Here design theory becomes cybernetic: the causeresult chain is replaced by the closed circuit.

Today it is unquestionable that design, at the intersecting point of telecommunication, the new media and computer technology, is the most important creative task of the future. And for this purpose, we need a new science of design to research communication centred possibilities. Is it a point, an area, a space where the user comes across his gadget, the human being, his machine? Where design, with a magic wand, is supposed to wave away our fear of the opaque artefact? Interface design has to solve the problem of the black box and meaningful design, the problems resulting from pure function. From this we can conclude that design is the unification of the difference between form and function. And this definition clearly marks the boundary between the science of design and the theory of art and the natural sciences. The science of design, as the science of the artificial, occupies a still unexplored intermediate area between analysis and aesthetics.

For a long time, art has not only been concerned only with objects, but with media, above all with the world of computer directed communication: the path leads away from hardware to software. Of course, it will remain valid that design increases the readability of the world. However, this can no longer be achieved today by trying, objectively, *to read forms from functions.*

Es war das Genie Nicholas Hayeks, mit der Swatch ein reines Gefühlsprodukt auf den Markt zu bringen, als durch die Quarz-Technologie alte Sachlichkeits- und Funktionalismusstandards hinfällig wurden. Und ganz in diesem Sinne löst sich die Aufgabe des Designers immer mehr von konkreter Gegenständlichkeit ab.

Natürlich haben die Menschen schon immer die Welt entworfen, in der sie leben konnten. Doch erst seit dies als Problem bewußt geworden ist, gibt es Design im eigentlichen Sinn. Designer wollen entwerfend Welt erschließen – sie besorgen Sinn. Und wenn wir heute Abschied vom Ding-Design nehmen, dann rückt diese Orientierungsfunktion des Designs nur um so deutlicher ins Zentrum der Aufmerksamkeit. Sinn-Design ist mit dem Seinsollen befaßt. Deshalb tritt an die Stelle von Objekt-Design zunehmend das Design von Wahrnehmung und Lebensstil. Paul Virilio hat in diesem Zusammenhang Kant ironisch entstellt und von einem „Metadesign der Sitten" gesprochen. Und tatsächlich: So wie Wissenschaft heute nicht mehr am Subjekt ansetzt, sondern an Beziehungen, so setzt das postmoderne Design nicht mehr am Objekt, sondern an einer Beziehung an.

Doch auch nach dem Ende der Sachlichkeit gilt: Sinn für Design haben nur Menschen, die Formgefühl haben, d.h. die Rhetorik der Technik verstehen; und das wiederum setzt ein prinzipiell positives Verhältnis zur Welt der Artefakte voraus. Oder um es mit Franz Boas zu sagen: „a feeling for form develops with technical activities". Gemeint ist die Selektion des dekorativen Effekts, die Meisterschaft des Virtuosen, die Lust an der komplexen Form. Design löst also das Problem der Einheit von Komplexität und Vertrautheit. Und doch wäre es verfehlt, die Geschichte des Designs mit der technischer Artefakte überhaupt zu identifizieren. Prinzipiell kann man sagen: Design entsteht, wenn es keine geltenden Formen mehr gibt. Es schafft den Menschen eine künstliche Umwelt, in der sie sinnvoll existieren können. Mit anderen Worten, Design stellt Sinn durch Unterscheidungen dar. Es ist das Medium der Welterschließung.

Nicholas Hayeks genius brought the Swatch, a purely emotional product, on to the market as quartz technology was making the old standards of objectivity and functionality invalid. And in exactly the same way, does the task of the designer continually move further away from concrete representation.

Of course, human beings have always designed a world in which they could live. But it is only since this has been recognised as a problem, that design exists in a real sense. Designers want to open up the world through their drafts – they deliver meaningfulness. And when we today farewell thing-design, then the orientation function of design moves even more clearly into the centre of notice. It is because of this that the design of perception and lifestyle is more and more replacing object-design. In this respect, Paul Virilio ironically distorted Kant and spoke of a "metadesign of custom". And, in actual fact, postmodern design no longer begins with the object, but with a relationship.

However, even after the demise of objectivity, only those people have a sense of design who also have a feeling for form i.e. understand the rhetoric of technology; and this latter presupposes a positive relationship to the world of artefacts. Or to use the words of Franz Boas, "a feeling for form develops with technical activities." What is meant is the selection of decorative effects, a championship for virtuosos, a passion for complex forms. Thus design solves the problem of the unification of complexity and familiarity. And it would still be inappropriate to identify the history of design, in any way, with technical artefacts. In general, one can say that design takes place when valid forms no longer exist. In other words, design establishes meaningfulness through differences. It is the medium for opening up the world.

Design ist die Ausarbeitung derjenigen Metapher, in der eine Kultur sich selbst versteht. Das läßt sich jedoch an ergonomisch gestalteten Sitzmöbeln weniger deutlich zeigen als etwa am Interface-Design der digitalen Medienwelt. Hier formuliert die Postmoderne ihre Schlüsselmetaphern – allerdings in einer Rhetorik, die sich nicht in Diskursen, sondern in Technologien formuliert. Design erweist sich also als die Ausarbeitung einer kulturellen Metapher. Es geht nicht nur um Oberflächengestaltung, Verschönerung des Nützlichen und Ergonomie – the design is the message.

Design stellt Sinn dar. Daß wir Schwierigkeiten haben, das zu begreifen, zeigt sich daran, daß die meisten Menschen nur einen pejorativen, abwertenden Begriff von *künstlich* haben – warum eigentlich? Künstlich heißt ja nur: von Menschen gemacht. Menschen mißtrauen also offenbar ihren eigenen Produkten und akzeptieren sie nur als *Technik*. Technik klammert den Sinn ein – im Namen der Funktion. Design dagegen stellt, wie gesagt, Sinn dar. Design verschafft und ist selbst Orientierung. Deshalb hat das Design niemals ein Sinnproblem, sondern ist seine Lösung – es zeigt, daß der Sinn kein Was, sondern eine Gegebenheitsweise ist. Anthropologisch formuliert: Sinn ersetzt dem Menschen die Umwelt. Und seine Haltungen und Entwürfe erschließen die Welt sinnhaft. Deshalb kann Herbert A. Simon sagen: „The proper study of mankind is the science of design". Wer Kants Frage „Was ist der Mensch?" beantworten will, muß Design studieren. Zwischen den Hard Sciences der Ingenieure und Mathematiker und den weichen Orchideenwissenschaften des Humanismus wird sich eine Wissenschaft vom Künstlichen etablieren – natürlich computergestützt. Sie begreift den Menschen als ein Wesen, das sich auf Möglichkeiten entwirft – in virtuellen Realitäten.

Design is the working out of a metaphor that goes without saying, within a culture. This is, however, less obvious in ergonomically designed seating than in the interface design of the digital media world. It is here that Postmodernism formulates its key metaphors – it must be granted, in a rhetoric that expresses itself not in discourses, but in technologies. Thus design is revealed as the working out of a cultural metaphor. Not only the surface design, the beautification of objects of use and ergonomy are concerned: the design is the message.

Design gives meaningfulness. The fact that most people have only a pejorative, cheapening concept of artificial *is shown by the fact that we have difficulties to understand this statement – why is this so? Artificial only means: made by human beings. This means that human beings apparently mistrust their own products and only accept them as* technology. *Technology puts meaningfulness into brackets – in the name of function. On the contrary, design as I have already remarked, gives meaningfulness. Design provides, and is, itself, meaningfulness. Therefore, design never has a problem with meaningfulness – it is the solution of this problem – it shows that meaningfulness is not What, but a mode of actual facts. To express this in anthropological terms: for mankind, meaningfulness is a substitute for environment. And man's attitudes and drafts open up the world meaningfully. Therefore, it is possible for Herbert A. Simon to say : "The proper study of mankind is the science of design." Anyone who wishes to answer Kant's question "What is man?" has to study design. Between the Hard Sciences of the engineer and the mathematician, and the soft flowery sciences of the Humanities, a science of the artificial will be established – computer aided, of course. Such a science understands man as a being that designs himself possibilities – in virtual realities.*

Thesen zum Konzept der Designwissenschaft

Theses on the Concept of a Science of Design

Hermann Sturm

1. Design-Theorie ist einerseits bestimmt dadurch, daß die Theorie sich bezieht auf das was war und ist, also *Ist-Werte* beschreibt und analysiert, andererseits aber werden Aussagen darüber erwartet, was sein soll, also über *Soll-Werte*.

2. Die Funktion der Design-Geschichte in der Design-Theorie:
   Für die Designwissenschaft ist neben der Frage *Was soll sein?* auch die Frage *Was ist?* und die Frage *Was war?* wichtig, d.h. die ontologische Dimension neben der deontologischen.

3. Designgeschichte als Kulturgeschichte geht von der Prämisse aus:
   Gestalten, Gebrauchen und Erinnern bilden einen inneren Zusammenhang.

4. Designtheorie ist Theorie-Design von Möglichkeiten.

1. Design-Theorie

Die Frage ist nicht, ob Design eine Theorie benötigt, sondern was eine Designtheorie leisten kann und soll. Zunächst zeigt der Blick auf die bestehenden Theorien zum Design grob zusammengefaßt folgende Tendenzen:

1. On the one hand, the theory of design is determined by the fact that it is related to what is and what was, i.e. it describes and analyses Is-values; on the other hand, however, statements are expected about what should be, i.e. Should-values.

2. The Function of the History of Design in Design Theory:
   In the science of design, alongside the question of What should be? *the question of* What is? *and the question of* What was? *are also important. This means an ontological as well as a deontological dimension.*

3. The History of Design as Cultural History proceeds from the premise:
   Form, Usage and Remembrance build an internal connection.

4. Design Theory is the Theory of the Designing of Possibilities.

1. Design Theory

It is not a question of, whether design needs a theory but rather what a theory of design can and should achieve. First of all, a glance at current theories reveals the following roughly summarised tendencies:

1.1. Designtheorie als Mapping

Die designtheoretischen Überlegungen gehen dahin, herauszufinden, wie durch das Design eines Objektes dessen Funktionen lesbar gemacht werden können. Dennoch benötigen wir zunehmend für die Bedienung von Geräten Gebrauchsanweisungen, ob es sich um das Programmieren und Einstellen des Video-Recorders oder den Umgang mit Computern handelt etc. Die Anweisungen werden immer umfangreicher und meist bedarf der Benutzer zusätzlicher Interpretation und Hilfe.

Die Tendenz zur Vertextung der Gebrauchsanleitung zeigt, daß es dem Design häufig nicht mehr gelingt, durch die Form selbst den Gebrauch anzuleiten. Das hängt auch mit der Zunahme der Funktionen zusammen, die in einem Gerät vereinigt sind. Oft bietet ein Gerät mehr Nutzungsmöglichkeiten als der Benutzer benötigt.

1.2. Ergonomie als Designtheorie

Die herkömmliche Ergonomie hatte es sich zur Aufgabe gemacht, Geräte, Apparate, Maschinen und Objekte dem Menschen optimal anzupassen. Dabei wird ein wichtiges Problem oft übersehen: Je genauer die Anpassung erfolgt, um so geringer werden die Spielräume für den individuellen Gebrauch. Ergonomisch gestalten heißt Prothesen gestalten. Sie sind nützlich, aber sie behindern zugleich.

Neuerdings spricht man von kognitiver Ergonomie. Sie will durch eine designwissenschaftliche Handlungstheorie die *felicity conditions* schaffen (Holger van den Boom), die ein enttäuschungsfreies Handeln ermöglichen sollen. Das heißt, sie fragt nach allgemeinen Handlungsschemata. Sie versucht nun nicht mehr nur das Objekt in seiner Form zu definieren, sondern auch die Umgangsformen und Verhaltensgewohnheiten, und sie will sie als beglückende ausweisen.

1.1. Design Theory as Mapping

Design Theory reflects, firstly, on how the function of an object can be made apparent through its form. Nevertheless, we need still more and more directions for use for appliances, whether it is to programme and adjust the videorecorder or to operate the computer. The directions are increasingly complex and, mostly, the user needs extra interpretation and help.

The tendency to present the directions for use textually indicates that the design of an object often does not indicate its use. This is certainly related to the increasing number of functions that are combined in one appliance. And often an appliance provides more possibilities for use than the user requires.

1.2. Ergonomy as Design Theory

Conventional ergonomy has the task of optimally adapting appliances, apparatus, machines and objects to people. Thereby, an important problem is often overlooked: the more exact the adaptation, the narrower the scope for individual usage. To design ergonomically means to design protheses. They are very useful, but they also represent a handicap.

In recent times, people have begun to speak of cognitive ergonomy. This is an attempt, through a scientifically designed theory of dealing with objects, to establish felicity conditions *(Holger van den Boom), which are supposed to make possible a mode of dealing with objects that rules out disappointments. This means the search for general schemes of behaviour. The theory no longer seeks to define the object through its form, but also social patterns of behaviour and manners and thereby, aims to render these felicitous.*

1.3. Designtheorie als Theorie des Interface

Theorien zur Gestaltung von Interfaces sind eng mit ergonomischen Theorien verbunden. Heute können wir bereits feststellen, daß deren Ergebnisse immer wieder bei visuellen Transmittern in der Form von analogen und digitalen Displays enden. Dabei bleibt außer Acht, daß der gewöhnliche Gebrauch Spuren hinterläßt, die sich den Objekten einschreiben und einprägen, und die zumeist eine andere Sprache sprechen als die vom ergonomischen Design vorgesehene.

1.4. Designtheorie als Kommunikationstheorie

Es wird die Forderung erhoben, um die alltägliche Situation der Informationsüberlastung (information overload) zu entlasten, müsse das Wissen zum Gegenstand des Designs werden, der Designer als Daten-Navigator also. Der Grund für diese Forderung wird u.a. darin gesehen, daß sich die Informationsgesellschaft von verbaler auf visuelle Kommunikation umstelle und der Anteil der Kommunikation, der sich an Maschinen und nicht mehr an Menschen richte, ständig wachse. Eine Aufgabe der Designtheorie wird in der Hilfe zur Überbrückung der Kluft zwischen Technik und Nutzer, als Entwurf von Benutzeroberflächen gesehen, zumal deshalb, weil das Design eine zentrale Schnittstelle von Telekommunikation, Neuen Medien und Computertechnologien bildet.

1.3. Design Theory as the Theory of Interface

Theories about the designing of interface are closely connected to ergonomic theories. Today we can already ascertain that the products again and again end up in visual transmitters in the form of analogue and digital displays. This neglects the fact that normal use leaves traces behind it and that these register and imprint the objects and mostly speak a different language to that prescribed by ergonomic design.

1.4. Design Theory as Communication Theory

A demand is being made for knowledge to become an object of design, in order to relieve the daily occurring information overload – in this sense, the designer as data navigator. The reason for this demand is, among other factors, that the information society is changing from verbal to visual communication and that the volume of communication that is concerned with machines and no longer with people, continually increases. One task of Design Theory is seen to lie in helping to bridge the gap between technology and user through drafts for Graphic User Interface, especially because design is a central point of intersection for telecommunication, the new media and computer technology.

2. Design als Arbeitsfeld der Theorie

2.1. Was wird mit dem Begriff *Design* bezeichnet?

Design ist die Gestaltung von Benutzeroberflächen, die uns die Angst vor dem Umgang mit *Black Boxes* nehmen sollen. *Design* verschafft und ist selbst Orientierung. *Design* schafft eine Kultur mit Wahlmöglichkeiten (Norbert Bolz).

Design ist Gestaltung von Objekten und Objektzusammenhängen mit dem Ziel, den Einfluß von Subjekten auf die Welt zu vergrößern. Das ist:
· die Reichweite vergrößern, die Wirksamkeit einer Handlung erhöhen
· die Anpassungsbedingungen zwischen den Subjekten und der Welt zu verbessern (Matthias Götz).

Design ist die artifizielle Reduktion von Komplexität.

Design ist die Gestaltung von industriell produzierbaren Konsum-und Investitionsgütern, von Informationen über und durch Medien.

Design ist die Praxis einer Ästhetik und Rhetorik der Technologie und ihres Gebrauchs.

Design unterscheidet sich von der Kunst grundsätzlich, insofern der Designprozeß in seinen Ergebnissen stets auf intersubjektive Kommunizierbarkeit und Brauchbarkeit gerichtet ist. Dabei entstehen für das Design Herausforderungen, die sich nicht zuletzt aus ökonomischen und daraus folgend, politischen Entwicklungen ergeben. Die Produktion (von Gütern, Medien, Dienstleistungen etc.) wird zunehmend internationalisiert und global; die Verteilung der Produkte über die Welt gleichfalls. Das bedeutet: Vereinheitlichung von Bedürfnissen und Geschmack.

2. Design as a Field of Work within Theory

2.1. What is meant by the term Design?

Design *is the form of Graphic User Interface and is supposed to rob us of our fears of dealing with* Black Boxes. Design *provides, and is itself, orientation.* Design *creates a culture with possibilities for choice (Norbert Bolz).*

Design *is the form of objects and object connections, with the aim of increasing the influence of subjects on the world, i.e.:*
· *increasing the range and heightening the effectiveness of an action,*
· *improving the conditions for adaptation between the subject and the world (Matthias Götz).*

Design *is the artificial reduction of complexity.*

Design *is the making of industrially produced consumer and investment goods and information on and through the media.*

Design *is the practice of an aesthetics and rhetorics of technology and its usage.*

Design *is basically different from art, in so far as the design process, in its results, is always directed towards intersubjective possibilities for communication and use. Thereby, design is challenged economically and, as a result, politically. The production (of goods, media, services etc.) is becoming increasingly international and global; and this is also true for the distribution of products throughout the world. This means standardisation of wishes and taste.*

Die Gründe dafür sind primär ökonomische. Damit dies funktioniert, müssen Bedürfnisse und Geschmack verschliffen, d.h. einander angepasst werden. (Coca Cola ist das erste Beispiel, Mode, Nahrungsmittel, Autos, Hotelketten, Telekommunikations-und Verkehrssysteme sind weitere). Die Vorteile sind: leichte – weil bekannte – Benutz-, Gebrauch-, Verbrauch-, und Bedienbarkeit. Dem stehen regionale (nationale) Ausprägungen von Lebensformen und Gewohnheiten entgegen. Diese auch ästhetisch erfahrene Vereinheitlichung und Einebnung regionaler und kultureller Unterschiede und Eigenarten stößt aber auf den Widerstand vieler Menschen. Um dem entgegenzuwirken, werden auf der Zeichenebene Fiktionen von Differenz aufgebaut. Aber es bleibt die Frage, ob die erwünschte Unterscheidbarkeit, die Vielfalt und die damit verbundenen Identifikationen auf einer immateriellen, vorwiegend ästhetisch erscheinenden Bild-Zeichen-Ebene funktionieren können? Welche Rolle spielen dabei die unterschiedlichen kulturellen Traditionen? In diesem Spannungsfeld von global village und den kulturellen Eigenarten der Regionen arbeiten Designer für den Markt, d.h. für den Konsum. Dieser Sachverhalt verschärft die Frage, welche Bedeutung einer Designtheorie zukommt und welche Struktur sie haben sollte.

The reasons for this are primarily economic. In order that this standardisation functions, wishes and needs have to be filed into shape so that they are brought into line with one another. (Coca Cola is the first example; fashion, foodstuffs, cars, hotel chains, telecommunication- and traffic-systems are further examples). The advantages are: simple (because they are familiar) directions for use, application, consumption and operation. This standardisation is opposed by regional (national) shaping of lifestyles and customs. However, this aesthetically experienced standardisation and levelling of regional and cultural differences is meeting with resistance on many sides. To overcome this resistance, fictitious differences are built up at the level of symbols. But the question remains whether the differentiation wished for, and the variability, with the identification linked to it, can function on an immaterial, apparently almost aesthetic, level of picture-symbols? What role is played here by the different cultural traditions? Designers work for the market in this field of conflict between global village and regional, cultural characteristics i.e. for consumption. These facts aggravate the question of how important a theory of design is and how it should be structured.

3. Das Design einer Design-Theorie

Das Feld, auf das sich Design-Theorie bezieht ist einerseits bestimmt dadurch, daß die Theorie sich bezieht auf das was war und ist, also *Ist-Werte* beschreibt und analysiert, andererseits aber werden Aussagen darüber erwartet, was sein soll *(Soll-Werte)*. Der Designprozeß ist bestimmt dadurch, daß er durch artifizielle Integration unterschiedlicher Anforderungen entscheidet, was sein soll, wie das Objekt zum Beispiel aussehen und gebraucht werden soll und kann.

Dadurch wird Komplexität reduziert. Der Entwurfsprozeß ist, weil er nicht zuletzt ein Gestaltungsprozeß ist, prinzipiell nicht restlos methodisch definierbar. Das heißt, Designtheorie greift in die Felder von Planungs-und Systemtheorien, wobei die Systeme im Sinne einer weiterentwickelten Kybernetik zugleich als beobachtende und beobachtete Systeme (Norbert Bolz) zu charakterisieren sind.

Um diese Situation methodisch zu klären, kann auf den Begriff des abduktiven Schließens von Charles Sanders Peirce verwiesen werden, den man näherungsweise auch mit Intuition umschreiben könnte. Mit der Abduktion ist ein Kernbegriff für kreatives Handeln benannt. Peirce sagt dazu u.a. Folgendes: „Die abduktive Vermutung kommt uns wie ein Blitz. Sie ist ein Akt der Einsicht, obwohl extrem fehlbarer Einsicht. Zwar waren die verschiedenen Elemente der Hypothese schon vorher in unserem Verstande (es muß also ein entsprechendes Repertoire vorhanden und verfügbar sein, H. S.), aber erst die Idee, das zusammenzubringen, welches zusammenzubringen wir uns vorher nicht hätten träumen lassen, läßt die neu eingegebene Vermutung vor unserer Betrachtung aufblitzen." Es handelt sich also um Phänomene der Emergenz.

3. Designing a Theory of Design

The field covered by Design Theory is determined, on the one hand, by the fact that the theory refers to what it was and is i.e., analyses and describes Is-Values; on the other hand, statements are expected about what should be (Should-Values). The design process is determined by the fact that through an artificial integration of different requirements, it decides what should be – how, for example, the object should and can look and be used.

In this way complexity is reduced. The drafting process, because it is also a forming process, is not able to be completely defined methodologically. This means that Design Theory reaches into the fields of planning- and system-theories, whereby systems are to be understood in the sense of simultaneously observing and observed systems. (Norbert Bolz)

In order to clarify this situation methodologically, one can adopt the concept of abductive conclusion, suggested by Charles Sansers Peirce – an expression that one could approximate with the word intuition. Abduction, in Peirce's terms, is a fundamental component of creative thought. About this process, Peirce remarks: "the abductive conclusion strikes like lighting. It is an act of insight, although extremely fallible insight. It is true that the hypotheses are generated on the basis of known facts (that is, a suitable repertoire must be at hand and available, H. S.), but it is first the idea to combine what we previously had never dreamt of combining, that allows the new conclusion to flash up before our contemplations." This is what is known as the phenomenon of emergentism.

Die Abduktion ist eine Fähigkeit, die auf der Fähigkeit zur Hypothesenbildung beruht und sie ist auf einem ästhetischen Grund aufgebaut. Wenn das so ist, dann ist eine Theorie zum Design selbst auch Design, weil sie in einem Gegenstandsbereich oder in einem Feld arbeitet, in dem *Soll-Werte* gebildet und formuliert werden, das heißt die Aufgabe ist gestellt, Konzepte und Entwürfe auf Zukunft hin zu entwickeln. Das Problem dabei ist, daß *Soll-Sätze*, also Sätze über das, was der Fall sein soll, aus *Ist-Sätzen*, also Feststellungen über das, was der Fall ist, sich nicht linear ableiten lassen.

Designtheorie als Design aufzufassen hat also seine Berechtigung darin, daß sie sich – wie der Designprozeß selbst – der methodischen Form der Abduktion bedient und damit ästhetisch begründet ist. Sie ist pluralistisch und nicht dogmatisch strukturiert. *Designtheorie* als deontische Theorie fragt danach, was sein *soll*, sie verschärft die gestellten Probleme durch ihre grundsätzliche Skepsis, indem sie alternative Szenarios und Modelle ausdenkt und entwickelt. Designtheorie ist kein bequemes Geländer, an dem entlang der Designer sicher zu richtigen Lösungen gelangt.

4. Zur Funktion einer Design-Geschichte in der Design-Theorie

Designgeschichte als Kulturgeschichte und als Teil der Designwissenschaft, geht von der Prämisse aus:

Gestalten, Gebrauchen und Erinnern bilden einen inneren Zusammenhang. In den alltäglichen Gegenständen des Gebrauchs sind jeweils unterschiedliche Momente individueller Lebensgeschichte gespeichert, die ihre Spuren den Dingen eingeprägt haben.

Abduction is an ability which rests on the ability to build hypotheses and has an aesthetic basis. In this case, then a theory of design is design itself, because it works in a field of objects or in an area in which Should-values are built and formulated. This implies that the goal is to develop concepts and drafts for the future. The problem here is that Should-statements, i.e. statements about what should be the case, cannot be developed in a straight line from Is-statements, i.e. assessments of what actually is the case.

Design Theory as Design – this concept can be justified because, like the design process itself, it uses the method of abduction and it thus has an aesthetic basis. Its structure is pluralistic and not dogmatic. Design Theory as a deontological theory asks what should be. It intensifies the problems set, through its basic scepticism, in that it conceives and develops alternative scenarios and models. It is no comfortable terrain through which one crosses securely to reach the right solutions.

4. The Function of a History of Design within Design Theory

Design History as cultural history and as a part of the science of design, proceeds from the following premises:

Form, Use and Memory build an internal connection. There are always different moments in individual life stories which are stored in objects of everyday use – moments which have left their traces in things.

To exaggerate a little, one could say metaphorically that the objects speak and have memories with which and against which one must work, forming and using, in order to bring forth something new. The confrontation with what is old, used, inherited, forgotten and even curious, always calls up memories, or consternation over what one has forgotten oneself, or appears totally unfamiliar because something different had concealed what was there before.

The history of design reveals cultural, intercultural and intracultural connections and works them out within the network of many-layered correlations in their importance for the world of life i.e. as the past and present story of the perception and use of designed objects in art, architecture, design and technology. Thereby, for both the general awareness and not least, for the design process, a field of conflict between two extremes, namely cultural tradition without change (traditionalism), on the one hand, and change without tradition (a lack of history), on the other hand, is built up and made fertile.

Zugespitzt könnte man in einem übertragenen Sinne sagen, die Gegenstände sprechen und haben ein Gedächtnis, mit dem und auch gegen das es bei der Hervorbringung des Neuen, gestaltend und gebrauchend zu handeln gilt. Die Begegnung mit dem Alten, Gebrauchten, Vererbten, Vergessenen, auch zum Teil Kuriosen, ruft also stets ein Stück Erinnerung auf, oder Betroffenheit über das eigene Vergessen, oder konfrontiert mit völliger Fremdheit, da Anderes das Vorherige verdeckt hat.

Designgeschichte stellt kulturgeschichtliche, interkulturelle und intrakulturelle Zusammenhänge dar und arbeitet sie im Geflecht vielschichtiger Korrelationen in ihrer lebensweltlichen Bedeutung auf, d.h. als Geschichte und Gegenwart der Wahrnehmung und des Gebrauchs gestalteter Dinge aus Kunst, Architektur, Design und Technik. Dabei wird für ein allgemeines Bewußtsein und nicht zuletzt für Designprozesse ein Spannungsfeld zwischen den Extremen, nämlich kulturellen Traditionen ohne Veränderung (Traditionalismus) einerseits und Veränderung ohne Tradition (Geschichtslosigkeit) andererseits aufgebaut und fruchtbar gemacht.

'Thesen zum Konzept Designwissenschaft', zuerst veröffentlicht in: Hermann Sturm 'Geste & Gewissen im Design', Köln 1998, Seite 150–153.

(dazu auch: Hermann Sturm 'Pandora's Box: Design. Zu einer Ikonografie der Gestaltung des Nützlichen', in: Kunstforum international, Bd. 130, 1995, Seite 73–210; Anregungen zum Konzept Designtheorie u.a. durch Matthias Götz, Norbert Bolz)

'Thesen zum Konzept Designwissenschaft', published first in: Hermann Sturm 'Gesture & conscience in design', Köln 1998, page 150 until 153.

(please see also: Hermann Sturm 'Pandora's Box: Design. Towards an Iconography of the Useful', in: 'Kunstforum international', Nr. 130, 1995, page 73 until 210; Suggestions for the Concept 'Design Theory' by Matthias Götz, Norbert Bolz)

Design-Ergonomie-Interface

Design-Ergonomics-Interface

Ralph Bruder

Wie die Vergangenheit zeigt, war das Verhältnis von Designpraxis und Ergonomie im wesentlichen mitbestimmt durch vorherrschende Interpretationen des Designbegriffs. Während das künstlerisch orientierte Design vor einer Verwissenschaftlichung des Designs warnt (und hierbei insbesondere die Ergonomie mit einschließt), stellt das technische Design gerade die Verbindung zur Wissenschaft als Notwendigkeit heraus („ein Designer muß in den Kategorien der Technik und der Wissenschaft zu Hause sein", Otl Aicher).

Ungeachtet der Kontroversen bezüglich des möglichen Beitrages der Ergonomie zum Design, die nicht zuletzt auch aus einer eingeschränkten Sicht der Ergonomie resultierten, waren die Aufgaben zwischen Design und Ergonomie klar verteilt. Die Sammlung und Aufbereitung von Kennwerten des Menschen, die für den Gestaltungsprozeß benötigt werden, war und ist noch immer eine typische Aufgabe der Ergonomie, während das Design für die Anwendung und Umsetzung der menschbezogenen Kennwerte im Rahmen der Produktgestaltung zuständig ist.

Für die Berücksichtigung der körperlichen Dimension des Menschen in der Produktgestaltung liegen Kennwerte inklusive der Angabe von Streubereichen zahlenmäßig vor. Zu diesem Bereich gehören die Sammlungen anthropometrischer Daten (wie die Körpergröße), Angaben zu Körperkräften, oder die Beschreibung physiologischer Kenngrößen (z.B. der Sinne). Aufgrund der Erweiterung von Zielgruppen für Produkte (Design for all; globales Design) entsteht die Notwendigkeit, vorhandene Datensätze und Kennwerte ebenfalls zu erweitern. Mit der zunehmenden Streubreite von menschbezogenen Kennwerten steigen die Anforderungen an die verständliche, anwendungsbezogene Darstellung der Kennwerte (was nicht zuletzt auch schon in Vergangenheit ein Problem für die Designpraxis darstellte), aber auch an die gestalterischen Lösungen bezüglich der Berücksichtigung unterschiedlicher körperlicher Voraussetzungen von Produktnutzern.

Neben der großen Streubreite von statischen Kennwerten des menschlichen Körpers stellen die geringen Kenntnisse der Vorgänge im menschlichen Körper bei Bewegungen ein Problem für das Design dar. Vielleicht sind diese fehlenden Kenntnisse ja ein Grund für die Tatsache, daß viele Gestaltungslösungen nur ungenügende Rücksicht auf die Notwendigkeit menschlicher Bewegungen nehmen. Für Designer sind die vermeintlich sicheren statischen Daten häufig ein willkommenes Mittel, die Unsicherheiten durch die große Anzahl von Freiheitsgraden bei den Gestaltungsmöglichkeiten einzuschränken.

Die dargestellte Problematik der Berücksichtigung des menschlichen Körpers im Design ist nicht neu. In den vergangenen Jahren sind daher sowohl vom Design, als auch von der Ergonomie diverse Anstrengungen zur Lösung der Problematik unternommen worden. Beispiele der Auswirkungen solcher Anstrengungen sind die flexiblen, auf das menschliche Bewegungsbedürfnis Rücksicht nehmenden Konzepte im Bürobereich (als Designlösung), oder die Entwicklung von computergestützten, auf menschlichen Kenngrößen basierenden Werkzeugen (in der Ergonomie).

Obwohl die körperliche Dimension menschlichen Daseins nach wie vor einen wichtigen Aspekt innerhalb der Produktgestaltung kennzeichnet, führt die ständige und rasante Entwicklung neuer Technologien ohne Zweifel zu einer Verschiebung der Tätigkeits-in-halte von vorwiegend körperlichen zu vorwiegend geistigen Tätigkeiten.

As the past has shown the relation of practice in design and ergonomics was mainly defined by prevailing interpretations of the design concept. While the artistically orientated design warns to beware of a handling of the design in a too scientific way (ergonomics is especially included), the technical design points out the relation to the science as necessity ("a designer must feel at home in the categories of technology and science", Otl Aicher).

Neglecting the controversies as to the possible contribution of ergonomics to design resulting not minimally from a limited view of ergonomics, the tasks between design and ergonomics were clearly divided. Collecting and processing of human characteristics, being necessary for the process of design was a typical task of ergonimics and still is, whereas the design is competent for the application and realisation of the human-related characteristics within the framework of product desigin.

In order to take into account the body dimension of the human being within the framework of the body design, we know the exact characteristic data and areas where these characteristic data are applied. It includes the collection of anthropometric data (i.e. body height), given information as to body strength or the description of physiologic characteristics (e.g. the senses). Because of the extension of the target groups for products (design for all, global design) arises the necessity to extend given data and characteristics as well. The increasing extension of the human-related characteristics is followed by an increase in demand for a use of the characteristics that is easy to handle and to understand (that was already a problem for the design practice in the past). The demand increases as to design solutions in taking into account the different body prerequisites of the product users.

In addition to the large extension of static characteristics of the human body, the little knowledge of the processes in the body that moves is a problem for the design. Perhaps these missing knowledge is a reason for the fact that many design solutions take in an insufficient way account of the human movements. The designer likes to use the alleged secured static data to limit the unsecurities by way of being very free and flexible in the application of the design.

The shown problem of taking into account the human body is not a new problem. During the last years the design as well as the ergonomics tried very hard to solve the problem. The flexible drafts, taking into account the necessity of the human body to move within the office area, are the result of these efforts (as a design solution), or the development of computer-assisted tools based on specific human data (in ergonomics).

Although the body dimension defines an important aspect within the product design, as it was in the past, the permanent and rapid development of products without any doubt results in a change of activities, being not any more first of all performed by the body but by the mind.

Als Folge dieser Tätigkeitsverschiebung wird auch die Beziehung von Design und Ergonomie vor neue Aufgaben gestellt. So liegen noch wenige (insbesondere für die Gestaltung nutzbare) Erkenntnisse darüber vor, was menschliche Eigenschaften, Fähigkeiten, Fertigkeiten und Bedürfnisse bei geistigen Tätigkeiten ausmacht.

Und selbst wenn sich die Ergonomie mit der Erforschung menschlicher Eigenschaften im Rahmen der Techniknutzung beschäftigt, kommt ihr oft die Rolle des Hasen im Hase-Igel-Spiel mit den neuen Technologien zu. Neue Technologie werfen neue Fragen auf, für die noch keine Antworten vorliegen und deren gestalterische Umsetzung somit allein dem freien Spiel der Designkräfte überlassen bleibt.

Nun könnte man der Ergonomie zurufen: wer zu spät kommt, den bestraft das Leben, und munter fortfahren in dem Design für neue Technologien aus einem nur wenig gefüllten Bauch. Die vielfachen Klagen über den zunehmenden *Informationsmüll* und die Unbedienbarkeit technischer Geräte, machen allerdings klar, daß ein *Weiterso* nicht angebracht ist. Gerade die Forderung nach der *Benutzungsfreundlichkeit* verlangt eine systematische Betrachtung der menschbezogenen Vorgänge an den Schnittstellen von Menschen und technischen Systemen. Als Bezeichnung für diese Schnittstellen hat sich der Begriff Interface etabliert.

Aus ergonomischer Sicht dient der Begriff Interface zur Charakterisierung der räumlich-zeitlichen Koppelungen zwischen unterschiedlichen Partnern bei der Durchführung einer gemeinsamen Tätigkeit. Im Falle eines Mensch-Maschine-Interfaces werden solche räumlichen Koppelungen beispielsweise

As a consequence of this change in activities the relation of design and ergonomics is confonted with new tasks. In this context there is only little knowledge about human characteristics, abilities, capabilities and demands taking place in mental activities.

And even if the ergonomics deals with the research of human characteristics within the framework of use of technology, it has often to take over the part of the hare in the game hare and hedgehog *in the new technologies. New technologies evoke new questions, the answers of them are not present and the design realisation of them remains to be solved within the unimpeded creative power of the design.*

At the moment you are able to say to ergonomics: who is late will be punished by the life and vivaciously go on with the design for new technologies from a stomach that is not very full. Many complaints on the growing information garbage *and the much too complicated application of technical gadgets, show clearly that one cannot go on* like that. *It is exactly the demand of an* easy handling *for the users that needs a systematic look at the human-related activities at the interfaces of people and technical systems. The definition* interface *is now common use.*

From the ergonomical view the idea of interface means the characterisation of linking of space and time of different partners in performing the same activity.

in Form von Mitteln zur Aus- und Eingabe von Informationen materialisiert. Vor der materiellen Realisierung eines Interface muß allerdings geklärt werden, welche Tätigkeiten von der Mensch-Maschine-Kooperation überhaupt ausgeführt werden sollen, und welche Aufgabenteilung dabei zwischen Mensch und Maschine bestehen soll.

Aufgrund der obigen Beschreibung könnte der Eindruck entstehen, daß Interfaces statische Gegebenheiten darstellen. Dies ist insbesondere mit dem zunehmende Einsatz von computerbasierten Technologien sicher nicht zutreffend. Wie das Beispiel von Web-Sites im Internet zeigt, liegt der Reiz von Interfaces in diesem Bereich gerade in dem Anbieten von Möglichkeiten. Das Interface schreibt nicht vor, wie etwas zu geschehen hat, sondern erlaubt dem Nutzer sich auf eigenen Wegen in der vernetzten Welt von Computern zu bewegen.

Die jeweils eigenen Wege von Nutzern im Umgang mit technischen Geräten werden leider oft mißinterpretiert in ein *anything goes* des Interface-Designs. So unbedenklich dieser Ansatz für die Gruppe der frühen Anwender einer neuen Technologie sein mag, so falsch ist er für die große Gruppe der späten, ungeübten Anwender.

Aus heutiger Sicht steht das Interface-Design daher u.a. vor den folgenden Problemstellungen:

Im Zusammenhang mit den zunehmenden technischen Möglichkeiten, den Menschen von Tätigkeiten zu entbinden oder zu ersetzen, muß man sich verstärkt dem Problem zuwenden, was für wen gestaltet werden soll und nicht wie etwas gestaltet werden soll. Der Hinweise auf die Beachtung spezifischer Benutzergruppen für spezifische Produkte findet sich auch in der Definition des Begriffes Usability nach ISO DIS 9241-11. In dieser Norm heißt es: „Usability = the effectiveness, efficiency and satisfaction with which specified users can achieve specified goals in particular environments."

In the case of human being-machine-interfaces such spacial linkings are materialised for instance by way of media for input and output of information. Before the material realisation of an interface it must be defined, which kind of activities in the cooperation of human being and machine has to be performed and which task division shall exist between human being and machine.

In view of the above mentioned the impression could arise that interfaces are static facts. This is really not true especially having in mind the application of technologies based on computers. As the example of Web-Sites shows in the internet the incentive of interfaces in this area is the direct offer of a great variety. The interface does not dictate the way how something has to be realised, but it allows the user to move in his own way in the interfaced world of computers.

Each own way of users applying technical gadgets is often misinterpreted as an anything goes of the interface design. As unobjectionable this first sign may be for a group of early users of a new technology, as wrong it is for a larger group of late unexperienced users.

From today's viewpoint the interface design is confronted with the following problems:

In connection with the increasing technical variety to release the human being from performing activities or to replace him, one has especially to concentrate on the problem, what has to be designed for whom, but not how it has to be designed. The hints of observing special groups of users for special products is to be seen in the definition of the term usability as to ISO DIS 9241-11. In this norm you can read: "Usability = effectiveness, efficiency and satisfaction with which specified users can achieve specified goals in particular environments."

Ein weiteres Problem stellt der Widerspruch zwischen dem Wunsch nach größtmöglicher Beachtung der Individualität der jeweiligen Benutzer und den Vorzügen von Standardisierungen dar. Dabei sind Standardisierungen im Interface-Design weniger ein Ansatz zur Kostenreduktion (im Unterschied zum Hardware-Design), sondern ermöglichen die Selbstbeschreibungsfähigkeit der Black-Box eines technischen Systems durch das Interface.

Eine Lösung der beschriebenen Probleme ist nur durch die enge Zusammenarbeit von gestalterischer Praxis und wissenschaftlicher Forschung zu erwarten. Eine solche Verbindung von Forschung und Anwendung ist heute Stand der Dinge bei der Entwicklung komplexer Produkte wie beispielsweise Kraftfahrzeuge. In den großen Unternehmen der Autoindustrie untersuchen Ingenieure in den Forschungsabteilungen technische, neuerdings verstärkt auch menschbezogene, Fragestellungen im Rahmen von experimentellen Studien. Die Erkenntnisse aus den Studien werden an die Entwicklungsabteilungen weitergegeben bzw. Forschungsingenieure wechseln in die Entwicklungsabteilungen und setzen ihre Erkenntnisse im Rahmen der Produktentwicklung selbst um.

Dieser enge Zusammenhang zwischen Forschung und Entwicklung/Anwendung ist auch für das Interface-Design anzustreben. In dem Designbereich bedeutet die Zusammenarbeit von Anwendung und Forschung, daß Fragen aus der täglichen Designpraxis direkt an Forschungsinstitutionen im Design gegeben und dort von Designwissenschaftlern bearbeitet werden. Diese Designwissenschaftler verfügen über Kenntnisse wissenschaftlicher Methodik, aber auch über gestalterische Kompetenz, um die Brücke zur Umsetzung der wissenschaftlichen Erkenntnisse in die Designpraxis schlagen zu können (entweder durch Weitergabe von Forschungsergebnissen oder durch die eigene Betätigung in der praktischen Designarbeit).

Beim Aufbau einer Forschung für das Interface-Design ist die Ergonomie aufgrund ihrer Erfahrungen zur Durchführung gestaltungsrelevanter, menschbezogener Studien gefragt. Als Grundlage zur Durchführung von Studien bzw. zur Ableitung von Gestaltungshinweisen müssen Theorien des Menschen als handelndes Subjekt aus diversen Fachdisziplinen wie der Psychologie oder der Soziologie einbezogen werden.

A further problem is the contradiction between the desire of a maximum attention of the individuality of each user and the advantages of standards. In this context standardizations in the interface design are not so much a sign for reducing the costs (as a difference to the hardware design), but make it possible to be able to describe oneself in the black box of a technical system by way of the interface.

A solution of these problems can only be expexted by the close cooperation of design practice and scientific research. Such a combination of research and application is the standard of today in developing complex products as for instance motor vehicles. In the big concerns of the motor vehicle industry engineers of the research departments research technical, in the last time more intensively human-related problems within the framework of experimental studies. The knowledge from these studies are passed to the development departments or research engineers move to the development departments and realise the knowledge within the framework of product development.

This close cooperation between research and development/application has to be strived at for the interface design. In the design area the cooperation of application and research means that questions deriving from the daily design practice are directly given to the research institutions of design and will be worked out by design scientists. The design scientists have the knowledge of scientific methodology, but they are also competent in design in order to be the link to apply the scientific knowledge in the design practice (either by handing over of research results or by doing the practical design work himself or herself).

Initiating the research for the interface design ergonomics is very relevant caused by its experience in performing studies important for design and being human-related. As a base to perform studies or to create design hints theories of the human being as an acting subject from various special disciplines as e.g. psychology or sociology are to be included.

Im Sinne eines Pragmatismus ist es beispielsweise eine wesentliche Aufgabe der Forschungen im Design, auf der Basis vorhandener mentaler Modelle des Menschen in Verbindung mit experimentellen Studien nach Kriterien und Bedingungen der Menschengerechtheit zu fragen, die bei der Gestaltung von Interfaces zu berücksichtigen sind. Solche Basisanforderungen an das Interface-Design sind aus heutiger Sicht beispielsweise:

Zentrierte Variabilität

In Anlehnung an die vom Arbeitspsychologen Walter Volpert definierten entwicklungs-förderlichen Grundsätze sollten menschliche Tätigkeiten das Kriterium der zentrierten Variabilität enthalten, also bei gleicher Grundstruktur sollte die Erfüllung einer Aufgabe unterschiedliche Realisierungsbedingungen zulassen.

Mehr-Sinnlichkeit

Es ist schon viel geschrieben worden über die sinnliche Verarmung unserer Welt im Zeitalter der virtuellen Realitäten. Allerdings sind die Möglichkeiten der Nutzung mehrerer Sinne beim Umgang mit technischen Geräten bisher nur ansatzweise genutzt worden.

Benutzungsspaß

Wie der Psychologe Patrick Jordan (Philips Corporate Design) dargestellt hat, reicht die bloße Beachtung der Usability gerade für Produkte im Konsumerbereich nicht aus. Verstärkte Bedeutung erhält die Sicherstellung von Spaß bei der Benutzung. Solcher Spaß entsteht beispielsweise durch den sensorischen Umgang mit Produkten (physio-pleasure), die erfolgreiche Aufgabenerfüllung mit einem Produkt (psycho-pleasure), die soziale Interaktion mittels eines Produktes (sociopleasure) und den ideellen Wert eines Produktes (ideo-pleasure).

Es wird die zukünftige Aufgabe im Rahmen des Interface-Designs sein, solche Basisanforderungen im konkreten Anwendungsfall umzusetzen und in Zusammenarbeit mit der Designwissenschaft neue Anforderungen zu definieren.

In the sense of a pragmatism it is for example an essential task of the research in design to ask on the basis of present mental models of the human being in connection with experimental studies for criteria and conditions of a suitable handling for human beings that are to be taken into account in the design of interfaces. Such basical demands in the interface design are today for instance:

Centered Varieblity

In connection with the principles with positive influence on the development that are defined by the psychologist Walter Volpert who has specialised in questions of work, human activities should contain the criterion of centered varieblity. That is to say in each basic structure the fulfilling of one task should admit various conditions of realisastion.

Sensuality in More Than One Respect

There has been written a lot on the sensual poverty of our world in the age of virtual realities. But it is true that the possibility to use more senses than one in the use of technical gadgets has been realised only basically.

User Enjoyment

As the psychologist Patrick Jordan (Philips Corporate Design) has described, only looking at the usability especially for products in the consumer area is not enough. More important is the guarantee of enjoyment in using. Such an enjoyment derives for example by the sensory handling of products (physio-pleasure), the successful fulfilling of a task with a product (psycho-pleasure), the social interaction via a product (psycho-pleasure), and the ideal worth of a product (ideo-pleasure).

It will be the future task within the framework of the interface design, to realise such basic demands in the real case application and to define new demands in cooperation with the design science.

Design Minded Management

Design Minded Management

Susanne Merzkirch

Unverwechselbare Produkte am Markt zu plazieren und so den Bekanntheitsgrad eines Unternehmens zu sichern und zu steigern ist das Ziel von Designmanagement.

Unverwechselbar werden Produkte nur, wenn von Anfang an das Design in die strategische Produktplanung integriert wird. Kreativität kann so am besten gelenkt und im Interesse der Firma eingesetzt werden – Design so zu einem marken- und marketingstrategischen Faktor werden. Design kann also nicht mehr nur isoliert betrachtet werden, darf nicht von den anderen betriebswirtschaftlichen Aufgaben getrennt werden, sondern muß in den kompletten Entwicklungsablauf miteingebettet sein.

Die klassischen Produktvorteile, wie Preis, Qualität oder Service treten immer mehr in den Hintergrund. Design kann einem Produkt die Unverwechselbarkeit geben und zu einer Alleinstellung am Markt verhelfen. Da bei einer steigenden Präsenz von Design am Markt auch der Design-Anspruch steigt, ist Designmanagement verantwortlich, diesen Anspruch aufzunehmen und die Anforderungen an ein Produkt weitestgehend umzusetzen.

Dies bedeutet die Begleitung eines Produktes vom ersten Konzept hin bis zu dessen Markteinführung. Designmanagement ist interdisziplinär, kennt keine Schranken und keine Einschränkungen. Idealerweise ist Designmanagement an höchster Stelle in einem Unternehmen implementiert. Nur so kann die Übereinstimmung des einzelnen Produktes mit dem Image der Marke oder des Unternehmens gewährleistet werden.

The aim of Design Management is to place products on the market so that they are seen as being unique and cannot be confused with other, similar products and so to make sure that an enterprise becomes well-known.

Products will be unique when, from the beginning, the design is integrated into the strategic product planning. This is the best way to steer creativity and use it to the best interests of the firm: design thus becomes a brand name and a strategic marketing factor. It is no longer possible to look at design in isolation; it must no longer be separated from other tasks of business management, but must be embedded in the total scheme of development.

The classical product advantages, like price, quality, or service are disappearing more and more into the background. Design can give a product uniqueness and help it to monopolise the market. The increased presence of design on the market also increases the claims made on it and design management is responsible for taking up these claims and transposing them in terms of the product.

This means that Design Management accompanies a product from the very first concept up to its introduction on the market. Design Management works in an interdisciplinary way and knows no barriers and accepts no limits. Ideally, it is integrated into the highest level of an enterprise. Only in this way harmony between the individual product, the image of the brand or of the enterprise can be achieved.

It is often the case that none of these prerequisites or conditions exist within a firm. Thus, Design Management often has to battle with the development and design of a Corporate Identity before this can be expressed through individual products. Design Management always influences business policy. Of course, this presupposes the readiness of the directors of the business to invest in design and Design Management. Design Management can be divided into two levels: the operative, that is concerned with the practical transposition of the course of development and the strategic, which comprises the long-term planning of a business policy.

On the strategic level, questions of design project management must be answered. From the analysis of problems to project description, the mustering of ideas, evaluation and finally, project presentation are tasks of a designmanager. In this process, work psychology plays a great role: The development team must be integrated, motivated and directed. Costs and personnel management must also be considered in the form of the calculation of design costs, business costs and the forms of commission and contract.

The strategic business level consults with the Corporate Design Management and the Innovation Management. Corporate Identity and Corporate Design are in the foreground here. Social, economic and ecological inter-connections must be understood, target groups analysed and contexts provided. Interwoven webs of thoughts are needed and visionary scenes and design concepts must be worked out. The connection of design activities with other disciplines is a prerequisite for such thought and action in an enterprise.

Design must also be seen as a challenge in enterprise, as a basic attitude which reveals itself in the total dealings and action of an enterprise. If design is to be used as a marketing instrument, then Design Management must be employed as a coordinating and organising tool; only in this way can the philosophy of an enterprise be conveyed through a product. Design Management means to think and act holistically, to have a vision before one's eyes and to be able to realise this vision in enterprise.

Oft existieren keine dieser Vorgaben und Richtlinien innerhalb eines Unternehmens. So muß sich Designmanagement auch mit der Entwicklung und Gestaltung einer Corporate Identity auseinandersetzen, bevor diese im einzelnen Produkt umgesetzt werden kann. Auf jeden Fall beeinflußt Designmanagement die Unternehmenspolitik. Das setzt natürlich die Bereitschaft der Unternehmensleitung voraus, in Design und Designmanagement zu investieren.

Designmanagement läßt sich in zwei Ebenen aufteilen: die operative, die sich mit der praktischen Umsetzung des Entwicklungsablaufes auseinandersetzt, und die strategische, die die langfristigen Planungen der Unternehmenspolitik beinhaltet.

Auf der strategischen Ebene müssen Fragen des Design-Projekt-Managment beantwortet werden. Problemanalyse, Projektformulierung, Ideenfindung und Bewertung bis hin zur Projektpräsentation sind Arbeitsbereiche des Designmanagers. Die Arbeitspsychologie spielt dabei eine große Rolle: das Entwicklungsteam muß zusammengesetzt, motiviert und gelenkt werden. Auch das Kosten- und Personal Management kommt zum Tragen in Form von Designkostenkalkulationen, betrieblicher Kostenrechnung und Auftrags- und Vertragsgestaltung.

Die unternehmensstrategische Ebene setzt sich auseinander mit dem Corporate Design Management und dem Innovations-Management. Corporate Identity und Corporate Design stehen hier im Vordergrund. Gesellschaftliche, wirtschaftliche und ökologische Zusammenhänge müssen begriffen werden, Zielgruppen analysiert und Kontexte erstellt werden. Vernetztes Denken ist gefordert und visionäre Szenarien und Designkonzepte müssen erarbeitet werden. Die Verknüpfung von Designaktivitäten mit anderen Disziplinen ist Voraussetzung für ein solches Denken und Handeln im Unternehmen.

Design muß als unternehmerische Herausforderung gesehen werden, als eine grundsätzliche Haltung, die sich im gesamten Tun und Handeln eines Unternehmens zeigt. Wer Design als Marketing-Instrument einsetzen will, muß Designmanagement als koordinierendes und organisierendes Mittel einsetzen, nur so kann die Umsetzung der Unternehmensphilosophie in einem Produkt gewährleistet werden. Designmanagement bedeutet ganzheitlich denken und zu können, visionäre Ziele vor Augen zu haben und diese Gedanken im Unternehmen umsetzen zu können.

Design und Technologie

Design and Technology

Diethard Bergers

Im Zuge der Gestaltung industrieller Produkte wird die Verbindung von Design und Technologie häufig verkannt. Dies mag daran liegen, daß bis heute die Ausbildung von Ingenieuren einseitig auf die funktional-technologische Gestaltung ausgerichtet ist, während den Designern die formgebend-ästhetische Gestaltungrolle zugewiesen wird.

Diese Segmentierung in der Produktgestaltung hat den Ruf zu einer stärkeren Integration der an der Produktgestaltung beteiligten Disziplinen zwar oft erscheinen lassen, ohne daß sich an der Sichtweise *hier Kunst – da Technik* Essentielles geändert hat. Begriffe wie *Product Engineering* und *Industrial Design* suggerieren einen scheinbaren Gegensatz. Dabei sind Design und Technologie zwei Seiten einer Medaille.

Es ist bemerkenswert, daß der angelsächsische Sprachgebrauch den Begriff des *Design* gleichermaßen für die technische und künstlerische Gestaltung, d.h. für die funktionale und konstruktive, wie für die formgebende und ästhetische Gestaltung, verwendet. Auch der Begriff der *Technology* ist in diesem Sprachraum weitaus vielfältiger, als die modisch-inflationäre und zunehmend sinnentleerte Verwendung dieses Begriffes erscheinen läßt. Technologie versteht sich hier als die Summe des zweckgerichteten Wissens, das bei einer technischen Problemlösung Anwendung findet. Technologie umfasst die hierzu notwendigen Techniken und Fähigkeiten.

In the course of the designing of industrial products, the connection between design and technology has often been misjudged. This may be due to the fact that up to the present day, the education of engineers has been one-sidedly directed towards functional-technological design, while the form-giving, aesthetic role in design has been given to designers.

This segmentation in product design has often been the reason for an appeal for more integration in the disciplines involved in product design, without essentially changing the attitude of here art – there technology. Terms like Product Engineering and Industrial Design imply an apparent contradiction. In actual fact, design and technology are two sides of the same coin.

It is significant that English language usage employs the word design for both technical and constructive design i.e. for technical and constructive, as also for form-giving and aesthetic design. In this language, the term technology is also far more complex than it appears in its fashionably inflationary and increasingly meaningless usage. Here, technology is understood as the total relevant knowledge employed to find the solution to a technical problem. And in this sense, technology includes all those abilities and techniques which are necessary for such a solution.

Für die Gestaltung industrieller Produkte bedeutet dies, die Summe allen gestalterischen Wissens, die Funktion und Form beeinflußt. Diese Vielschichtigkeit der Begriffe *Design* und *Technologie* läßt erkennen, daß es keine scharfe Schnittstelle zwischen beiden gestalterischen Disziplinen gibt. Das gegenseitige Verständnis gestalterisch tätiger Ingenieure und Designer ist vielfach lediglich verschüttet.

Diese Verschüttung ist zum Teil der zunehmenden Arbeitsteilung des Industriezeitalters zuzuschreiben. Erst die hierdurch bedingte Divergenz der einzelnen Disziplinen macht den Ruf zur Integration verständlich. Die verlorene Einheit funktionaler und formgebender Gestaltung muß mühsam zurückerobert werden. Die Einheit funktionaler Gestaltung und formgebender Wirkung, die die Erbauer der großen mittelalterlichen Kathedralen auszeichnete, beinhaltet auch die Erkenntnisse, daß Design und Technologie sich gegenseitig bedingen. So wie der Übergang zur Gothik als stilistisches Element neue Technologien erforderlich machte, stellt heute zunehmende Komplexität technischer Produkte in ihrer Bedienbarkeit und emotionaler Wirkung neue Herausforderungen an das Design. Der Ergonomie als Schnittstelle zwischen Design und Technologie kommt damit, auch im Hinblick auf die gesellschaftliche Akzeptanz, eine besondere Rolle zu.

Die Wiederintegration der genannten Disziplinen zu einer gemeinsamen Produktgestaltung setzt nicht nur die Kompatibilität der eingesetzten technischen Werkzeuge, wie z.B. der CA-Systeme, sondern insbesondere auch den Willen und die Fähigkeiten zum systemischen, interdisziplinären und teamfähigen Handeln von Designer und Ingenieur voraus. Die Erlangung dieser Kompetenzen sollte dabei nicht erst durch Change-Management der Industrieunternehmen erfolgen, sondern selbstverständlicher Bestandteil der Ausbildung von Designern und Ingenieuren sein.

For the design of industrial products, it is the sum of all design knowledge that influences function and form. The multi-layers of the terms design *and* technology *reveal the fact that there is no sharply-defined boundary line between these two design disciplines. It is simply that the mutual understanding of both designers and engineers engaged in design is often submerged.*

This submersion can be attributed partly to the increasing specialisation which characterises the industrial age. It is the resultant diversification of individual disciplines that explains the call for integration. The lost unity of functional and form-giving design must be arduously regained. This unity that distinguished the cathedral builders in medieval times, also implies the recognition that design and technology mutually influence one another. Just as the transition to Gothic stylistic elements required new technologies, today, the increasing complexity of technological products in regard to mode of use and emotional effect lay down a new challenge for design. In this process, ergonomy, as the point of intersection between design and technology, plays a special role, also with regard to social acceptance.

The reuniting of these disciplines to a common product design presupposes not only the compatibility of the technical tools used e.g. CA-systems, but also the wish for, and competence in systemic, interdisciplinary teamwork on the part of engineers and designers. These competencies should not first be acquired in the change-management of industrial concerns, but should be a matter of course in the education of engineers and designers.

Die Verfolgung des Augenblicks

The Pursuit of the Moment

Susanne Merzkirch

Visuelle Reize und deren Wahrnehmung bestimmen das tägliche Leben. Die visuelle Wahrnehmung ist sicher an erster Stelle zu nennen bei der Erfassung unserer Umwelt. Aber über den genauen Ablauf des Prozesses von der Wahrnehmung von Objekten gibt es bisher wenig Erkenntnisse. Gerade im Bereich der Produkte sind Erkenntnisse hierüber von großer Bedeutung. So sollen Produkte schnell voneinander unterschieden und Produktfamilien erkannt werden, wichtige am Produkt angebrachte Informationen schnell eingeordnet, verarbeitet und einem Produkt mitgegebene Qualitäten sofort verstanden werden.

Die Form eines Produktes ist für den Prozeß der Wahrnehmung ausschlaggebend. Die Form bestimmt das emotionale Verhalten des Betrachters und kann Informationen über an das Produkt gestellte Fragen liefern. So soll die Form Hinweise über die Funktionen und die Verwendbarkeit eines Produktes geben und macht Aussagen bis hin zur Zielgruppe, die sich von dem Produkt angesprochen fühlen soll.

Das Verfahren der Okulometrie ermöglicht, einzelne Bereiche eines Produktes isoliert zu betrachten und durch gezielte Fragestellung zu hinterleuchten. Bisher hat sich die Blickbewegungsmessung auf dem Gebiet der experimentellen Psychologie, der Verkehrs- und Navigationsforschung, der Werbeforschung u.a. bewährt und wird dort seit Jahrzehnten erfolgreich eingesetzt.

Visual stimuli and their perception determine our daily life. Visual perception is the most important tool to grasp our environment. But, to date, there is little knowledge of the process of perceiving objects. Particularly in the area of products, is such knowledge of great importance. In this way products can be quickly recognised and distinguished from one another, important product information assimilated and rapidly internalised and ordered; in this way the qualities inherent in the product are immediately understood.

For the process of perception, the form of a product is decisive. The form determines the emotional response of the observer and can provide information to questions asked about the product. The form should give directions for use and a description of the functions and make statements to the target group addressed by the product.

The oculometric method makes it possible to observe the individual areas of a product in isolation and to illuminate them through well-directed questions. To date, the measurement of eye movement has proved to be of great value in experimental psychology, in research into traffic movement and navigation, in advertisement, among other fields.

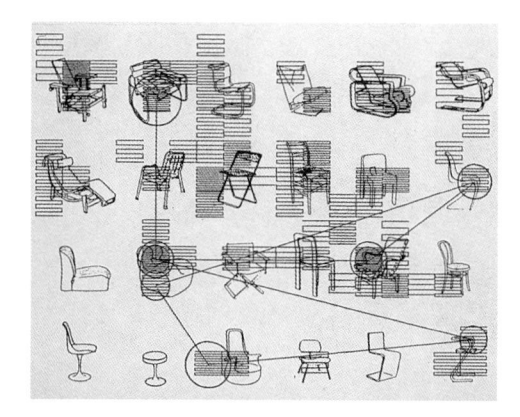

Ohne Fragestellung, typischer Blickverlauf.
Without question, typical eye movements

Was liegt da näher, als dieses Verfahren auf die Problemstellung des Industrial Design zu übertragen. Auch hier muß sich ein Objekt von den anderen unterscheiden, um die Aufmerksamkeit des Betrachters zu erregen, um so bemerkt, fixiert und gedanklich verarbeitet zu werden.

Das Auge, das beim Erfassen der Umwelt die visuellen Reize aufnimmt, ist ständig in Bewegung. Nur für einen kurzen Zeitraum (100–300 Millisec.) bleibt es unbeweglich stehen und fixiert ein einzelnes Bildelement.

Die optischen Informationen treffen auf die lichtempfindliche Netzhaut des Augenhintergrundes (Retina), werden in Nervenimpulse umgeformt und in den darauffolgenden Prozessen weiterverarbeitet. Hierbei läßt sich die Netzhaut in unterschiedliche Bereiche aufteilen, wobei der größte (die Netzhautperipherie) nur für die periphere Wahrnehmung verantwortlich ist. Sie dient der allgemeinen Orientierung, der Identifikation neuer Reize und der globalen Erfassung eines Wahrnehmungsobjektes.

Allein die Fovea centralis erlaubt das scharfe Erkennen eines Reizes. Der Zentralbereich der Netzhaut ist genau in der Bildachse angeordnet, weist die größte Dichte an Rezeptoren auf und ermöglicht so das scharfe Sehen. Der kurze Zeitraum, in dem das betrachtete Element auf der Fovea centralis scharf abgebildet wird, wird als Fixation bezeichnet.

Studien haben gezeigt, daß in diesem Moment der Fixation genaue Informationen über das betrachtete Objekt an den kognitiven Apparat weitergeleitet werden und dort synchron verarbeitet werden. Denn nur bei einer zeitgleichen Verarbeitung der Informationen kann die Blickbewegungsmessung als Indikator für die Informationsaufnahme dienen.

Dabei ist der Ablauf der Fixationen nicht gleichmäßig verteilt. Es werden Bereiche vorrangig fixiert, die dem Betrachter *in's Auge springen*. Das sind vor allem auffällige Indizien, wie z.B. Eckpunkte oder Hell/Dunkel-Grenzen.

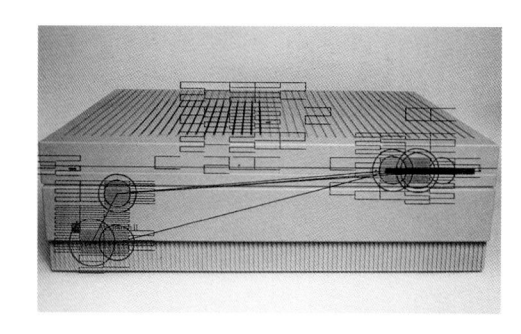

What could then be more appropriate than to employ this method in solving the problems in Industrial Design. Here also, an object must be differentiated from others, to attract the attention of the observer and so observed, fixed and internalised in thought processes.

The eye that registers the visual stimuli of its environment moves constantly. It is only still and fixed on a single picture element for a short period (100–300 millisec.).

Optical information strikes the sensitive retina and is transformed into nerve impulses and processed further. The retina can be divided into different areas whereby the largest, the peripheral retina, is only responsible for peripheral perception. It serves general orientation, the identification of new impulses and the global recording of an object of perception.

The fovea centralis alone allows the clear recognition of a stimulus. The central area of the retina is exactly in the axis of the picture, has the greatest density of receptors and so enables clear vision. The brief period in which the observed element is clearly pictured on the fovea centralis is called fixation.

Studies have shown that at this moment of fixation, exact information about the object observed is sent on and synchronically worked upon. Only with synchronic internalisation of the information, can the eye movement be used as an indicator of the assimilation of information.

Thereby, the process of fixation does not proceed at an even pace. Areas are preferably fixed when they leap to the eyes *of the observer. These are, above all, notable features e.g. corner*

**Fragestellung:
Was für ein Gerät ist das?**
*Question:
What kind of device is this?*

Nun ist es auch möglich, durch Fragen den Betrachter zu beeinflussen. Es können während des Tests Suchaufgaben gestellt werden, die das Interesse des Betrachters steuern.

Im Okulometrielabor des Studiengangs Industrial Design werden die Blickbewegungs-messungen mit dem Verfahren der Corneal-Reflection-Methode (BP/CR) durchgeführt. Diese Methode zählt zu den Blickachsenmeß-methoden.

Einem Probanden wird ein unsichtbares Infrarotstrahlenbündel in ein Auge projiziert. Ein Teil des Strahlenbündels erreicht den Augenhintergrund, wird wieder reflektiert, und läßt das Auge auf einem Monitor erscheinen (Pupillenreflex). Der andere Teil des Bündels trifft direkt auf die Cornea und erzeugt dort einen hellen punktförmigen Corneal-Reflex.

Beide Reflexe werden von einer infrarotsensitiven Kamera erfaßt, die Daten werden an einen Computer weitergeleitet, und aus der räumlichen Zuordnung von Pupillen- und Cornealreflex läßt sich die Blickrichtung ermitteln. Dem Probanden werden in kurzen Abständen (6–8 Sek.) Bilder gezeigt und sein Blickverhalten wird dokumentiert. Ergebnisse sind Computerausdrucke, aus denen sämtliche gewonnenen Informationen zu entnehmen sind.

Vorteil dieses Verfahren ist, daß das Blickverhalten sich nicht kontrollieren läßt. Der Proband sitzt in einem Stuhl, betrachtet die projizierten Bilder und tastet die gezeigten Stimuli, ohne etwas zu merken, ab.

Die Fixationsdauer läßt erkennen, wie lange und intensiv der Betrachter sich mit einem einzelnen Element auseinandergesetzt hat. Die Anziehungs- und Blickhaltekraft des Elementes läßt sich bestimmen.

Die Fixationsreihenfolge zeigt den Ablauf des Prozesses der Informationsaufnahme. Wie stark informativ sind die Elemente? Interessant dabei ist, daß die zuerst fixierten Elemente länger im Gedächtnis haften bleiben.

points or dark-light boundaries.
It is also possible to influence the observer through questions. During the test search tests can be set and these also direct the interest of the observer.

In the oculometric laboratory of Industrial Design, eye movements are measured by the corneal reflection method (BP/CR). This method is one of the eye axis methods.

An invisible bundle of infra-red light rays is projected into the eye of a test person. Some of the rays penetrate to the back of the eye, are reflected back and the eye appears on a monitor (Pupil reflex). Other rays strike the cornea directly and there produce a bright spotted corneal reflex.

Both reflexes are filmed by an ultra-sensitive camera. The data is transferred to a computer and from the direction of the pupil and the corneal reflex, the eye movement is documented. Pictures are shown to the test person at brief intervals (6-8 sec.) and his eye movement recorded. The results are printed out by the computer and show all relevant information.

The advantage of this method is that the subject cannot influence his eye-movement. The subject is seated, observes the projected pictures and feels the stimuli shown, without consciously noticing anything himself.

The period of fixation shows how long and how intensively the observer was occupied with the individual elements. Thus the attraction time and strength of the element can be determined.

The fixation sequence shows the course of the information assimilation. How much information do the elements convey? It is interesting that the first element fixed by the eye is remembered longest.

Aus der Fixationshäufigkeit läßt sich schließen, wie oft ein einzelnes Element betrachtet wurde. Wie aufmerksamkeitswirksam ist das Element?

Letztlich läßt die Feststellung der Fixationsorte Rückschlüsse auf das Fixationsverhalten bezogen auf Teile des Objektes zu. Welche Teile wurden betrachtet und sind somit aufgenommen und weiterverarbeitet worden? Die Feststellung der Fixationsorte in Zusammenhang mit Suchaufgaben und Fragen an den Probanden geben sicher die informationshaltigsten Ergebnisse.

Die Okulometrie kann helfen, Fragen im Bereich der Aufmerksamkeitswirkung zu prüfen und zu klären. Die Auffälligkeit grafischer Elemente kann überprüft und die Fixation – und somit auch Verarbeitung – einzelner Funktionselemente aufgezeichnet werden.

Die Erkenntnisse können wertvolle Informationen geben, für die formale Ausbildung und Anordnung von Bedienelementen, deren sichere *Auffindung* für die Steuerung einer Maschine, oder bei der Gestaltung einer Bildschirmoberfläche.

Aber auch im Bereich der produktsemantischen Inhalte können mit Hilfe der Blickbewegungsmessung aufmerksamkeitswirksame Elemente bestimmt werden. Welche Elemente lassen ein Produkt schnell, kraftvoll oder sicher erscheinen? Welche Elemente an einem Produkt vermitteln diese Informationen? Welche Merkmale repräsentieren welche emotionalen Erwartungen und Symbole?

Denn erst das Übereinstimmen der Produktinformationen mit den Produktversprechen läßt ein Produkt erfolgreich werden. Okulometrie kann als Instrument auf der Suche nach diesem Weg genutzt werden.

It is possible to find out from the frequency of fixation how often a single element is observed – how effective the element is in attracting attention.

The determination of the kind of fixation finally allows conclusions about fixation behaviour in relation to different parts of the object. Which parts are observed and transmitted and internalised? The determining of the kind of fixation in connection with search tests and questions asked of the test person give, with certainty, results loaded with information.

Oculometry can help examine and to explain questions of the working of attention. It is possible to examine how notable graphic elements are and the fixation and working out of single elements can be registered.

The results can provide valuable information for the formal construction and arrangement of service elements, their definite location *for the steering of a machine or for the design of a monitor screen.*

But attention attracting elements can also be determined by the help of eye movement measurement in the area of the semantic content of products. What elements help a product to appear quick, strong or certain? What elements on a product transmit this information? Which characteristics convey which emotional expectations and symbols?

It is only when product information agrees with product promises that a product will be successful. Oculometrics can be used as an instrument in this search.

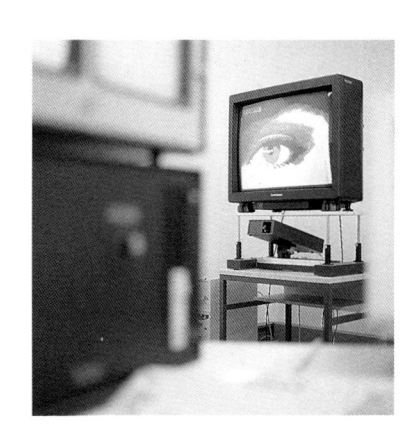

Labor für Okulometrie
Oculometric Laboraty

Eine Gedankenskizze zum Design als ökonomische Größe

A Draft of Thoughts on Design as Economic Value

Peter Zec

„Design war", so sagt Otl Aicher, „ehe es eine vorwiegend ökonomische Größe wurde, eine Kulturbewegung, die es sich zum Ziel gesetzt hatte, die auf historische Stile fixierte klassische Kultur des Bürgertums zu überwinden."

Dieses Ziel wurde inzwischen zweifellos erreicht, wenngleich jene Kulturbewegung nicht ausschließlich durch das Design geschah, sondern nicht minder auch durch die Entwicklung von Kunst und Architektur voran ging.

Heute hingegen kommt es darauf an, die ökonomische Größe Design neu zu bestimmen und dementsprechend strategisch zu positionieren. Je mehr Design nämlich mittlerweile zu einem unspezifischen Universalmittel für alle möglichen unternehmerischen Absichten verkommt, desto notwendiger ist es, die bisherige Designpraxis kritisch in Frage zu stellen, um dadurch zu einer Neubestimmung der spezifischen marktstrategischen Aufgaben und Möglichkeiten des Designs zu gelangen.

Wenn Designer sich heute immer häufiger und heftiger über die Inflationierung des Designbegriffs beschweren, dann blenden sie dabei aus ihrer Beobachtung aus, daß sie selbst durch ihr eigenes Verhalten einen großen Anteil an dieser Entwicklung tragen, indem sie es bislang versäumt haben, aktiv an einer plausiblen Neubestimmung ihres Aufgabenspektrums und Kompetenzfeldes zu arbeiten. Statt dessen wurden unterschiedliche, spezifische Aufgaben der Unternehmensführung relativ unreflektiert der neuen Disziplin *Designmanagement* subsummiert. Ohne einen Nachweis seiner Qualifikation erbringen zu müssen,

"Design was", as Otl Aicher says, "before it became a predominantly economic value, a cultural movement, having the aim in mind to overcome the classical culture of the bourgoisie."

In the meantime this aim has doubtlessly been reached, though that cultural movement did not happen exclusively by design, but at least as much promoted by the development of art and architecture.

But now it is important to define newly the economic value design and to position it strategically accordingly. The more design meanwhile degenerates into an unspecific universal medium for the various intentions of the entrepreneurs the more it is necessary to question critically the design practice up to now in order to get a new definition of the specific tasks in market strategy and chances of design.

If designers today more and more violently complain about the inflationing of the design definition, they neglect in their observation that they play a big part in this development by their own behaviour, having omitted up to now to work actively at a plausible new definition of their spectrum of tasks and field of competence. Instead different specific tasks of the firm management were summarized without being sufficiently reflected to be the new discipline called design management. *Without being obliged to have a special qualification today every designer or non-designer is able to promote to become a design manager.*

kann heute jeder Designer sowie Nicht-Designer zum Designmanager avancieren. Wie aber ist es dabei um die tatsächlich ausgebildete Design- oder gar Managementkompetenz des einzelnen bestellt? Designmanager fühlen sich so ziemlich für alles zuständig, was es zu managen gibt: die Ökologie, die Unternehmenskommunikation, den Dienstleistungssektor, die Unternehmensidentität und -philosophie und selbstverständlich auch die Produktentwicklung.

Wenn Design – mit welcher Berechtigung auch immer – für alle diese Bereiche eine führende Rolle beansprucht, dann folgt als Konsequenz daraus, daß es eigentlich immer unklarer ist, welche spezifische Rolle Design heute tatsächlich spielt. Denn wer sich für alles zuständig fühlt, ist letztendlich für nichts mehr zu gebrauchen. Momentan habe ich den Eindruck, daß jeder ganz nach eigenem Belieben die Bezeichnung Design für alles mögliche verwenden kann. Diesen Zustand gilt es durch eine gezielte und klar umrissene Neubestimmung des Designs zum Positiven zu verändern.

Wichtig ist, sich erneut auf die eigentliche Kernkompetenz im Design zu besinnen. Diese ist für mich durch die jahrzehntelange Entwicklung einer spezifischen Produktgestaltungslehre gegeben. Um die Bedeutung des Designs über den Bereich der Produktentwicklung hinaus auf andere Unternehmensbereiche auszudehnen, ist es erforderlich die Designerausbildung gezielt durch spezifische andere (betriebs-) wirtschaftliche Wissensbereiche, wie etwa die Organisations-, Marketing- und Wirtschaftskommunikationslehre, zu erweitern. In sinnvoller Weise kann eine derartige Erweiterung der Wissensdisziplin Design jedoch wohl nur in Form einer weiterführenden Spezialisierung des Wissens erfolgen. Der heute noch individuell anzutreffende Generalist für vielfältige Designaufgaben – von der Produktgestaltung bis zum Designmanagment – kann dann schon bald durch Spezialisten für designrelevante Aufgabenstellungen entlastet werden.

Zugleich wird dadurch mehr Klarheit in das neue Leistungsspektrum des Designs gebracht.

Mit der damit einhergehenden neuen Bestimmung der spezifischen Designaufgabenfelder kann zugleich eine aktive Neupositionierung des Designs in der Wirtschaft betrieben werden. Möglich wird dies durch eine Neuordnung der Design-Angebotsstruktur. An die Stelle der hierzulande sehr zahlreich vorhandenen generalistisch agierenden *Einzelkämpfer-Designbüros* werden dann entweder große Designagenturen mit vielen Abteilungen für Spezialaufgaben oder einzelne Designspezialisten treten. Als eine Analogie zu dieser möglichen Entwicklung kann der unternehmerische Wandel des Designbüros frogdesign betrachtet werden, der sich vom *Einzelkämpfer-Designbüro* in Alstensteig zu einer international agierenden Designagentur mit Marktforschung, Markenführung, Softwaregestaltung etc. entwickelt hat. Mit dem Slogan *frog Word Changing* positioniert sich das gewandelte Unternehmen mit einer Anzeige auf der Rückseite des International Design Magazine im Juni 1999. Dies könnte als pars pro toto für die notwendige Neu-Positionierung des Designs stehen.

But what about the real experience and competence in design or even competence in management of the individual? Design manager feel competent for almost everything that is to be managed: the ecology, the communication of the firm, the service sector, the identity of the firm and its philosophy and of course the product development as well.

If design demands a leading role for all these areas – with what kind of qualification nobody knows – then the consequence out of that is that it is more and more unclear which specific part design really plays today. For someone who feels competent for everything can at long last not be used for anything. At the moment I have got the impression that everybody can use the name design for many different things as he or she likes. This status must be changed by an aimed and clearly marked new definition of design into a positive direction.

It is important to become aware of the actual competence in design. This is for me a fact by the development of a specifical theory of product design over decades. In order to extend the importance of design over more than the area of product development to other firm areas, it is necessary to extend the education of designers aimed by other specific economic science fields (of the business management) as for instance the theories of organisation, marketing and economic communication. But such an extension of the scientific discipline design can only be realised in the form of a further specialisation of the science. The generalist for multiple design tasks of today – beginning from the product design to the design management whom you can meet individually – can in the near future be relieved by specialists for design-relevant tasks.

At the same time there will be a new and clearer efficiency spectrum of design.

The new definition of the specific design task fields can activate at the same time a new position of design in the economy. It will be possible by a new regulation of the structure of design offers. Either large design specialists with many departments for special tasks or individual design specialists will take over the position of the numerous active individual fighter-design offices. The managing change of the design office frogdesign which has changed from the individual fighter design office in Alstensteig to the international acting design agency with marketing research, branded articles, software arranging etc. can be considered as analogy to this possible development. With the slogan frog Word Changing the changed firm poses with an advertisement on the back of the International Design Magazine in June 1999. This might symbolise pars pro toto for the necessary new position of the design.

Designsammlung

Design Collection

Hermann Sturm

Die Designsammlung ist seit 1980 im Aufbau. Sie umfasst derzeit etwa 900 Objekte.

Die mit der Sammlung verbundenen Absichten und Ziele :

1. Im Bereich der Forschung zur Theorie und Geschichte der Gestaltung soll nach der Bedeutung der Gestalt und Gestaltung von Gegenständen des alltäglichen Gebrauchs anhand konkreten Materials gefragt werden. Dabei sind von Interesse:
 · die Vielfalt der Formen
 · die Erfindung und Entwicklung neuer Formen, die Verwendung und die Umgestaltung alter und konventioneller Formen
 · die Übernahme von Formen und deren Umsetzung in neuer Materialien (z.B. Kunststoffe wie Bakelit u.ä.)
 · die Anwendung bestimmter Technologien und deren Auswirkung auf die Form
 · die Zusammenhänge von Gebrauch und die Darstellung der Möglichkeiten des Gebrauchs in der Gestalt der Gegenstände.

2. Objekte der Sammlung sollen als konkretes, d.h. als gegenständlich faßbares Material zu Anschauungs- und Lehrzwecken verwendet werden und damit die Vielfalt ästhetisch relevanter Fragen und Aspekte am Gegenstand nachvollziehbar machen.

Teekanne mit Wärmebehälter
Tea pot with heat insulating
ca. 1930

Bauscher Weiden, WMF Geislingen

Design
Werksentwurf
Firm design

Hermann Sturm

The Design collection dates back to 1980 and comprises 900 objects.

Intentions and goals of the collection:

1. Within the field of the theory and history of design, the theme of the design/designing of objects of everyday use is to be represented. Of interest here are:
 · The manifold forms
 · The discovery and creation of new forms
 · The adaption of forms to new materials (e.g. man-made materials, such as bakelite)
 · The use of particular technologies and the effect on forms
 · The connection between use and the presentation of possibilities for use, in the design of the objects.

2. The objects in the collection are to be used as concrete, i.e. as representational, understandable material to be displayed, but also as teaching aids and thus, manifold aesthetically relevant questions and aspects can be made comprehensible through the objects themselves.

3. Die Sammlung soll als Ganzes oder in bestimmten Teilbereichen der Darstellung und Aufarbeitung von Aspekten der Alltagskultur in der Form von Präsentationen und Dokumentationen für die Öffentlichkeit dienen, da diese Gegenstände des täglichen Gebrauchs Teil einer Kulturgeschichte des Alltags sind. Ein Schwerpunkt der Sammlung liegt in der Zusammenstellung von Gegenständen und Geräten, die etwa in den letzten einhundert Jahren insbesondere im Haushalt gebraucht und benutzt wurden. Dabei zeigt sich, daß dort früh schon neue Materialien Verwendung fanden, die zunächst von der Gestalter-Elite kaum oder gar nicht beachtet wurden.

4. Die Sammlung setzt sich auch das Ziel, Vergleiche zu ermöglichen, Gleichzeitigkeiten und Ungleichzeitigkeiten zu erfassen, historischen und aktuellen Widersprüchen zwischen dem Anspruch von Kulturinstitutionen und gegenständlich bestimmter Wirklichkeit nachzuspüren, aber auch die Wechselwirkung von naturwissenschaftlich-technologischen und gestalterischen Prozessen als Teil einer kulturgeschichtlichen Betrachtung aufzuarbeiten und darzustellen. Eine Reihe von Ausstellungen zum Design und zur Alltagskultur belegen das breite, öffentliche Interesse an damit zusammenhängenden Fragen und an Feldern, die auch Teile individueller Lebensgeschichte anschaulich machen.

3. As a whole, or in specialised areas, the collection is meant to serve the public by presenting and refurbishing aspects of the culture of daily life, in the form of exhibitions and documentation, as these objects of daily use are a part of the cultural history of daily life. The main focus of the collection is on the objects and appliances needed and used in households in approximately the last hundred years. Here, one can observe that so even as early as this, new materials were used, although at first they were not, or scarcely, valued by the designer elite.

4. The collection also aims to facilitate comparisons, to register simultaneities and the lack of them, to track down both historical and modern contradictions between the demands of cultural institutions and concrete realities, but also to present and refurbish the interaction between scientific-technological and design processes as a part of a cultural-historical survey. A whole series of exhibitions of design and everyday culture give evidence of a widespread public interest in relevant questions and in areas that also depict individual life stories.

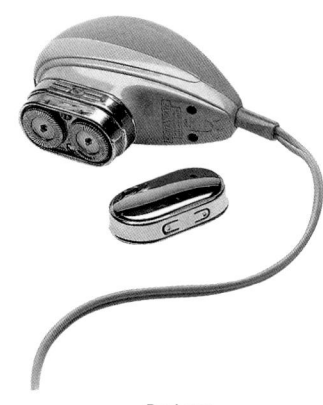

Rasierer
'Philishave SC 9040'
Shaver
'Philishave SC 9040'

Philips, Frankreich

Rasierer
Shaver
1933

Siemens & Halska

Design
Werksentwurf
Firm design

Handmixer
'HM-0-220-1'
Mixer
'HM-0-220-1'
1959

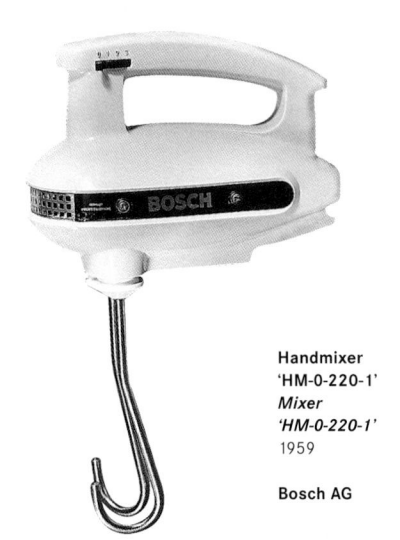

Bosch AG

Elektrisches
Bügeleisen
Iron
1945

Elektronische
Kaffeemühle 'Eleonora'
Electronic coffee mill
'Eleonora'
50er Jahre

KVM

Kugeluhr
Clock

VV Design

Kassettenradio '2001'
Cassette recorder
'2001'
1970

Weltron, Japan

Staubsauger
Vacuum cleaner

Elektrostar

Heizlüfter
Fan convector
50er Jahre

Prometheus

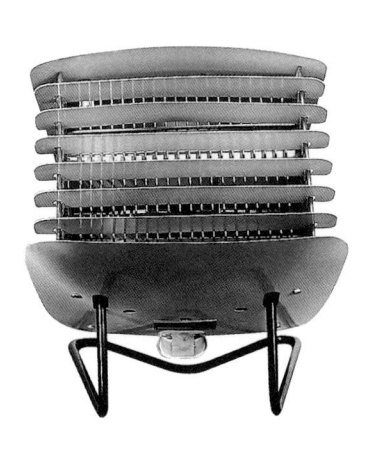

Heizlüfter 'Pustefix'
Fan convector 'Pustefix'
50er Jahre

Junker & Ruh

Espressomaschine 'Typ 560'
Espressomachine 'Type 560'
1939

Vesuvania, Italien

Kaffeemaschine
Coffee Dripper

Bauscher Weiden

Lehrende im Industrial Design
Teachers of Industrial Design

Ergonomie im Design
Ergonomics in Design

Professor Dr.-Ing. Ralph Bruder

1963
Geboren in Bad Homburg.

1982-88
Studium der Elektrotechnik, Regelungstechnik an der Technischen Hochschule Darmstadt.

1988-96
Wissenschaftlicher Mitarbeiter am Institut für Arbeitswissenschaft der Technischen Hochschule Darmstadt.

1988
Preisträger des Ludwig Bölkow-Stiftungspreises.

1992
Promotion zum Doktor-Ingenieur mit einer arbeitswissenschaftlichen Dissertation (Wissensbasiertes System zur Erholungszeitermittlung).

1990-96
Lehrauftrag an der Fachhochschule für Gestaltung Pforzheim für das Fach Ergonomie.

Seit 1992
Selbständige Projektbearbeitung mit Partnern aus Industrie und Verwaltung.

Seit 1996
Universitätsprofessor für das Fach Ergonomie im Design an der Universität Essen.

1963
Born in Bad Homburg.

1982-88
Study of Electrical Engineering, Control Engineering at the Darmstadt University of Technology.

1988-96
Scientific staff at the Institute of Ergonomics, Darmstadt University of Technology.

1992
Doctor's Degree in Engineering (Dr.-Ing.) with an ergonomic dissertation (Development of a knowledge-based system).

1990-96
Lectureship for the discipline Ergonomics within Design at the Pforzheim University – Design-School.

Since 1992
Independent work on different projects with clients from industries and administration.

Since 1996
University Professor for Ergonomics within Design at the University of Essen.

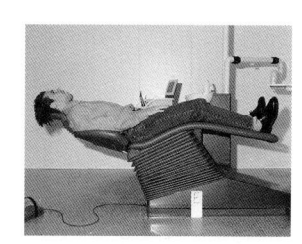

Behandlungseinheit mit ergonomischer Lagerungssystematik für Patienten
Patient chair with an ergonomic positioning system
1993

Siemens

Beratung in Tarifverhandlungen zum Thema Bildschirmarbeit bei einer Fernsehanstalt
Consultation in salary negotiations for screenwork of a TV organizaton
1993-97

ZDF

Forschungsschwerpunkte

Analyse und Gestaltung multimedialer Mensch-Rechner-Schnittstellen, Ergonomische Produktgestaltung in diversen Anwendungsgebieten, Produktgestaltung für besondere Personengruppen (z.B. ältere Menschen), Entwicklung von Kriterien zur Beurteilung der ergonomischen Gestaltungsgüte und Benutzbarkeit von Produkten, Akzeptanz von ergonomischen, ökologischen Produkten.

Lehrauffassung

Die Berücksichtigung der Ergonomie im Rahmen der Produktgestaltung beschränkt sich auch heute noch häufig auf die Vorgabe von Maßzahlen für die Gestaltung (z.B. räumliche Abmessungen, Größe und Anordnung von Bedienelementen).

In einer Erweiterung dieser eingeschränkten Sicht kann die Ergonomie als Möglichkeit gesehen werden, einen menschbezogenen Gestaltungsprozess zu initialisieren, zu strukturieren und zu organisieren.

Ausgangspunkt eines solchen menschbezogenen Gestaltungsprozesses ist die Analyse von Aufgaben, für deren Erfüllung Produkte bzw. Dienstleistungen zu gestalten sind. Weiterhin sind Eigenschaften, Fähigkeiten, Fertigkeiten, aber auch Bedürfnisse der Kunden, Nutzergruppen für das zu gestaltende Produkt bzw. die zu gestaltende Dienstleistung Gegenstand der Analyse.

Aus der Aufgaben- und Kunden-, Nutzeranalyse können menschbezogene Gestaltungsanforderungen abgeleitet werden. Die Definition von menschbezogenen Gestaltungsanforderungen ist nicht zuletzt Gegenstand der ergonomischen Forschung im Bereich der Produktgestaltung.

Für den auf die Analysephase folgenden Entwurfsprozeß stellt die Ergonomie Erkenntnisse und Methoden zur Verfügung (z.B. rechnergestützte Modelle menschlicher Abmaße). Mit Bezug auf die menschbezogenen Gestaltungsanforderungen lassen sich schließlich Gestaltungslösungen bezüglich ihres Erfüllungsgrades von Kunden- und Nutzererwartungen evaluieren.

Ziel der ergonomischen Gestaltung ist, daß die Menschen bei der Erfüllung ihrer Aufgaben:

· schädigungslose, ausführbare, erträgliche und beeinträchtigungsfreie Tätigkeitsbedingungen vorfinden,

· Standards sozialer Angemessenheit nach Tätigkeitsinhalt, Arbeitsaufgabe, Arbeitsumgebung und Kooperation erfüllt sehen, sowie

· Handlungsspielräume entfalten, Fähigkeiten erwerben und in Kooperation mit anderen ihre Persönlichkeit erhalten und entwickeln können.

Focus of Research

Analysis and design of human-computer interfaces, ergonomic product design, design of products for special groups of users (e.g. elderly people), development of criteria for assessing the ergonomic quality and usability of products, acceptance of ergonomic, ecological products.

Teaching Post

The role of ergonomics in product design is today usually limited to measurements such as three dimensional measurements or the size and arrangement of user appliances.

However, in addition to this ergonomics can also be regarded as a way of initialising, structuring and organising a design process that considers human needs.

The starting point for such a design process is the analysis of tasks which can only be carried out if products or services are designed. Furthermore, before the product or service can be designed, the characteristics, skills, abilities and also the needs of the target customers or user groups must be analysed.

Following an analysis of the tasks, the design demands are elicited by examining the customers and user groups requirements. The definition of design demands relating to human requirements is an object of ergonomic research in the area of product design.

The field of ergonomics has extensive knowledge and a range of methods that can be used in the design process that follows the analysis phase (for example, computer supported models with human dimensions). By taking human design demands into account, design solutions can be evaluated with relation to their satisfaction of customer and user group expectations.

The objective of ergonomic design is that people have the following benefits when completing tasks:

· *non-detrimental, practicable, endurable and non-impairing conditions of operation,*

· *the assurance of standards that are socially appropriate with regard to the activity, task, working environment and cooperation as well as*

· *the development of areas of action, the learning of skills and the maintenance and development of the users' personality while interacting with others.*

Beurteilung ergonomischer Tastaturen, Auftraggeber Stiftung Warentest, Berlin
Evaluation of ergonomic keyboards, client Stiftung Warentest, Berlin
1996

Siemens

Gestaltungslehre
Teaching of Form

Professor Klaus Dombrowski

1938
Geboren in Ostpreußen.

Ausbildung und Berufspraxis in Messe- und Schaufenstergestaltung.

Studium an der Folkwangschule für Gestaltung in Essen; Designer in der Industrie.

Seit 1967
Eigenes Design-Studio; kreativ und beratend tätig für Unternehmen in Europa und USA, u.a. Kinnasand of Sweden, Knoll International USA, De Ploeg Niederlande, Fischbacher und Heberlein Textildruck AG Schweiz, Lentenda S.A. Italien; Zusammenarbeit mit deutschen Firmen: Taunus Textildruck, Jab Anstoetz, Fuggerhaus, Seidenweberei Delius, Pausa AG, Vereinigte Werkstätten, Gebr. Rasch, Tapetenfabrik A&S Creation, Hutschenreuther AG, Mercantile.
 Hauptarbeitsgebiete: Porzellan, Glas, Haushaltsgeräte, Wohntextilien, Tapeten.

1972
Berufung als Universitätsprofessor im Fachbereich Gestaltung-Kunsterziehung an der Universität Essen.

Jury- und Gutachtertätigkeit; zahlreiche nationale und internationale Auszeichnungen und Design-Preise.

1938
Born in East Prussia.

Training and vocational experience working at trade fairs and designing shop windows.

Studied at the Folkwangsvhule for Design in Essen.

Since 1967
Industrial designer with own design-studio; creative and advisory work for companies in Europe and the USA e.g. Kinnasand of Sweden, Knoll International USA, De Ploeg Netherlands, Fischbacher and Heberlein Textildruck AG Switzerland, Lentenda S.A. Italy; Cooperation with german companies: Taunus Textildruck, Jab Anstoetz, Fuggerhaus, Seidenweberei Delius, Pausa AG, Vereinigte Werkstätten, Gebr. Rasch, Tapetenfabrik A&S Creation, Hutschenreuther AG, Mercantile.
 Main areas of work include porcelain, glass, household appliances, furniture textiles and wallpaper.

1972
Became a university professor in the faculty for art and design at the University of Essen.

Active as a judge and expert of design, numerous national and international awards and prizes for design.

Porzellan 'Relation'
Porcelain 'Relation'
1989

Hutschenreuther-Hotel

Design
Klaus Dombrowski

Beteiligungen an Designausstellungen: Design Center Stuttgart 1977, '78, '81, '82, '84, '86, '87, '91; Design Zentrum Nordrhein Westfalen, Essen 1978, '79, '80, '82, '84, '85, '88, '89, '90; New York 1984, Liubljana 1984; Die gute Industrieform Hannover 1985; Deutsches Textilmuseum Krefeld 1983, '90; Stedelijk Museum Amsterdam 1989; Museum voor Sierskunst Gent, Belgien 1990; Kunstgewerbe Museum Zürich 1987; RAL-Design Ausstellung Frankfurt 1994; Bundespreis Gute Form 1985, '86.

Arbeiten in den Sammlungen des Deutschen-Tapeten-Museum Kassel, Textil-Museum Mühlhausen Elsaß, Badisches Landesmuseum Karlsruhe, Deutsches Porzellanmuseum Hohenberg.

Lehrauffassung

Die Notwendigkeit, der Sinn und die Chancen einer Gestaltungslehre werden durch eine grundsätzliche Erkenntnis begründet, zu der das vertiefte Studium führt. Ständig wird Neues geschaffen und erdacht, aber stets aus den gleichen unveränderten Elementen. Die Elemente der Gestaltung sind begrenzt und konstant. Auch das Neue und Andere kann nur geschaffen werden mit den Mitteln, die es von jeher gab.

Im stetigen Wandel unserer Umwelt bleibt auch der Mensch relativ konstant. Auf ihn sind alle Aktivitäten der Gestaltung ausgerichtet. So gesehen versucht die allgemeine Gestaltungslehre modellhaft die Bereiche des menschlichen Lebens bezogen auf Gestaltungsprozesse einander zuzuordnen, wo sie in einem geordneten Ganzen kommunizierbar sind.

Participated in design exhibitions: Design Center Stuttgart 1977, '78, '81, '82, '84, '86, '87, '91; Design Zentrum Nordrhein Westfalen, Essen 1978, '79, '80, '82, '84, '85, '88, '89, '90; New York 1984; Liubljana 1984; Die gute Industrieform Hannover 1985; Deutsches Textilmuseum Krefeld 1983, '90; Stedelijk Museum Amsterdam 1989; Museum voor Sierskunst Gent, Belgien 1990; Kunstgewerbe Museum Zürich 1987; RAL-Design Ausstellung Frankfurt 1994; Federal award for Gute Form (Good Form) 1985, '86.

Displayed work in the exhibitions at the German Wallpaper Museum in Kassel and the Textile Museum in Mühlhausen, Deutsches Porzellanmuseum Hohenberg.

Teaching Post

Specialist studies help the students to recognize the necessity, meaning and opportunities provided in the area of design. New things are constantly being created and devised from the same unchanged elements. The elements of design are limited and constant. Even new and different things can only be created using things that already exist.

In our everchanging environment human beings also remain relatively constant. All design activities are focussed on Man. In this way general design tries to relate areas of human life to design processes, so that they can be communicated as a whole.

Vorhangstoffe
Curtains
1972

Knoll International

Design
Klaus Dombrowski

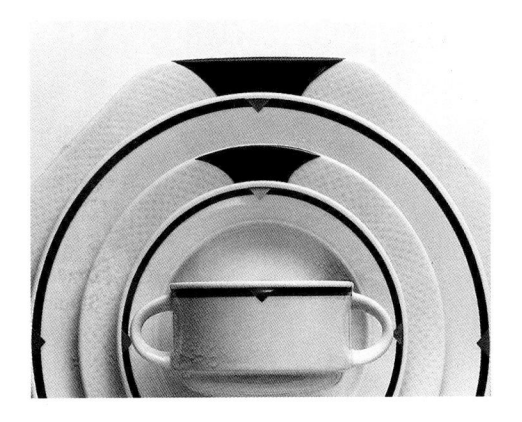

Porzellan 'Relation'
Porcelain 'Relation'
1989

Hutschenreuther-Hotel

Design
Klaus Dombrowski

Darstellung im Industrial Design

Presentation Techniques in Industrial Design

Professor Jürgen Junginger

1945
Geboren in Bad Klosterlausnitz, Thüringen.

1951-65
Besuch der Grund- und Realschule in Düsseldorf, Lehre als Maschinenschlosser mit Erwerb der Fachschulreife.

1965-70
Studium des Faches Industrieform an der damaligen Folkwangschule für Gestaltung in Essen mit Abschluß und Graduierung.
Freiberufliche Tätigkeiten neben dem Studium.

1970-72
Entwurfstätigkeiten als angestellter Designer bei ELTA-Plastics in Essen und Berlin.

1972-85
Angestellter Designer and Art Director in der Werbeagentur MPW-Univas und Spiess & Ermisch in Düsseldorf mit dem besonderen Schwerpunkt bei der Entwicklung von visuellen Technik-Auftritten für Kunden aus der Verkehrs- und Fahrzeugbranche.

Seit 1985
Gründung eines Studios in Krefeld für rechnergestütztes Entwerfen und Darstellen mit selbständiger Tätigkeit für Werbung und Industrie.

Seit 1986
Mit intensivem Einsatz beim Interior-Design für Zivilflugzeuge.

1987-91
Lehrauftrag für zeichnerische Darstellung im Studiengang Industrial Design der Universität Essen.

Seit 1991
Berufung auf die dortige neu eingerichtete Professur für Darstellung.

Seit 1990
Organisation der Teilnahme unseres Studiengangs an internationalen IDEM-Workshops in Finnland, Slowenien, Norwegen, Belgien, Deutschland, Israel und den Niederlanden.

1945
Born in Bad Klosterlausnitz, Thüringen.

1951-65
Attended elementary school and secondary school, completed A-levels during an aprenticeship as machine fitter in the firm Hasenclever AG in Düsseldorf.

1965-70
Studied Industrial Form and graduated from the then Folkwangschule for Design in Essen.
Freelance work parallel to his studies.

1970-72
Employed as a designer in the firm ELTA-Plastics in Essen and Berlin.

1972-85
Employed designer and art director in the advertising agencies MPW-Univas and Spiess & Ermisch in Düsseldorf.

Since 1985
Own studio for computer aided design and presentation in Krefeld with freelance work for advertising and industry.

1987-91
Taught presentation techniques in the faculty of Industrial Design at the University of Essen.

Since 1991
Appointed as professor for Presentation Techniques in the faculty of Industrial Design.

Since 1990
Organization and partizipation of the Course of Industrial Design at the IDEM-Workshops in Finland, Slowenia, Norway, Belgium, Germany, Israel and the Netherlands.

Teaching Post

A handdrawn sketch is often the most important and widely used means of visual communication. In addition to language, drawing is often the only possibility to express something quickly and efficiently. The spectrum covers a quick sketch made during a conversation to an illustration or computer generated animation for a presentation or decision. To work successfully in their later profession designers in the field of Industrial Design must have highly developed perceptive skills as well as a good spatial imagination. These talents and their perfection are the necessary requirements for choosing the job of an Industrial Designer as well as the undeniable basis for the successful use of computer-aided systems to define form and present products.

Lehrauffassung

In aller Regel ist beim Entwerfen die von Hand gezeichnete Darstellung die wichtigste und häufigste Art der visuellen Kommunikation. Neben seiner Sprache ist das Zeichnen für den Gestalter oft die einzige Möglichkeit sich schnell und effizient auszudrücken. Die darstellerische Bandbreite reicht dabei von der gesprächsbegleitenden flüchtigen Skizze, bis zur für Präsentation und Entscheidung geeigneten Illustration oder der computergenerierten Simulation. Im Industrial Design wirkende Gestalter müssen zur erfolgreichen Ausübung ihres Berufes ein hochentwickeltes Wahrnehmungsvermögen und eine außerordentliche räumliche Vorstellungskraft besitzen. Diese Talente und ihre Vervollkommnung sind die notwendigen Voraussetzungen für ihre Berufswahl, sowie die unverzichtbare Basis für den erfolgreichen Umgang mit rechnergestützten Systemen zur Formdefinition und Darstellung von Produkten.

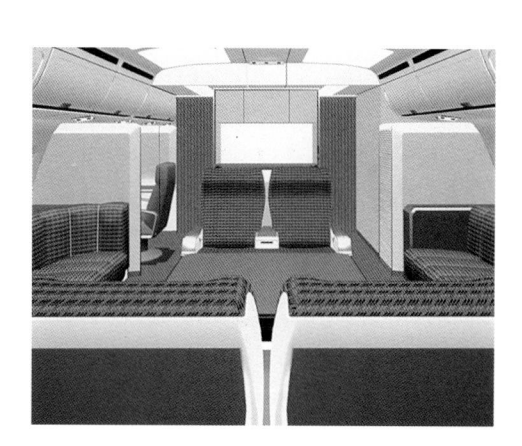

Entwurf Interior Exekutiv-Airbus
Design of the interior of an executive Airbus
1988

Design
Jürgen Junginger

Visualisiertes Prinzip Bildröhre
Visualised principle picture tubes
1992

Sony

Design
Jürgen Junginger

Konzeption und Entwurf

Conception and Design

Professor Stefan Lengyel

Multidispenser-Tanksäule
Multidispenser-Petrolpillar
1988

Aral

Design
Stefan Lengyel

1937
Geboren in Budapest.

1956-61
Studium des Industrial Design in Budapest. Staatsexamen der Philosophie und Kunstwissenschaft, Diplom.

1962-64
Assistent in Budapest.

1964-65
Assistent an der Hochschule für Gestaltung Ulm, Zusammenarbeit mit Hans Gugelot.

1965
Dozent, ab 1969 Leiter der Abteilung Industrial Design an der Folkwangschule für Gestaltung, Essen.

1981
Berufung als ordentlicher Professor an die Universität Essen.

Gastprofessuren u.a. in Budapest, Helsinki, Tokyo, Beijing, Ohio State University. Vorträge, Workshops u.a. Politecnico di Milano, Designcenter Bilbao, Taiwan Design Promotion Center, Industrial Design Conference Aspen.

Seit 1961
Freiberufliche Designertätigkeit u.a. Projektoren für Liesegang, meß- und regeltechnische Geräte für Krone, Schalterprogramme für Berker, Schließsysteme für Dorma, Kompressoren für Boge, Zapfsäulen und Tankstellen-Ausstattung für Aral, Container für Edelhoff, Konferenzmöbel für Mauser-Office, Leitwarten u.a. für Ruhrgas, Ausstellungssysteme für das Wissenschaftszentrum Bonn. Beratung u.a. für Aral, Miele, Rosenthal.
    Designauszeichnungen u.a. IF Hannover, Design Center Stuttgart, Designinnovationen NRW.
    Juror u.a. Bundespreis, IF Hannover; Design Center Stuttgart; Designinnovation NRW; Goldstar, Seoul; Telephone, Taiwan; BIO, Ljubljana; Designpreis Budapest; Forum Office Design EIMU, Mailand.
    Vorstandsmitglied des Rats für Formgebung, Design Zentrum NRW, Mitglied des Deutschen Werkbundes. Präsident des Verbandes Deutscher Industrie Designer (VDID).

1937
Born in Budapest.

1956-61
Studied Industrial Design in Budapest. State Examination in Philosophy and Aesthetics, Degree.

1962-64
Assistant in Budapest.

1964-65
Assistant lecturer at the Hochschule für Gestaltung Ulm, worked together with Hans Gugelot.

1965
Lecturer, from 1969 the head of the department for Industrial Design at the Folkwangschule for Design in Essen.

1981
Appointed as a full professor at the University of Essen.

Guest professor in Budapest, Helsinki, Tokyo, Beijing, Ohio State University. Lectures, workshops, a.o. Politecnico di Milano, Designcenter Bilbao, Taiwan Design Promotion Center, Industrial Design Conference in Aspen.

Since 1961
Freelance designer a.o. projectors for Liesegang, measurement and regulation appliances for Krone, switch programmes for Berker, closing systems for Dorma, compressors for Boge, petrol pumps and petrol station equipment for Aral, containers for Edelhoff, conference furniture for Mauser-Office, control panels for Ruhrgas, exhibition systems for the Scientific Center in Bonn. Consulting service a.o. for Aral, Miele, Rosenthal.
    Design awards such as IF Hannover; Design Center Stuttgart, Design Innovations NRW.
    Jury member a.o. for the Federal Award for Design; IF Hannover; Design Center Stuttgart; Designinnovation NRW; Goldstar, Seoul; Telephone, Taiwan; BIO, Ljubljana; Design award, Budapest; Forum Office Design EIMU, Milan.
    Member of the german design council, Design Center NRW, member of the Deutscher Werkbund, President of the Association of German Industrial Designers (Verband Deutscher Industrie Designer, VDID).

Lehrauffassung

Design ist kein technisches, kein künstlerisches, sondern ein gesellschaftliches Phänomen.

Ziel des Studiums ist es, durch variable Auswahl der Lehrinhalte, eine Balance zwischen Vermittlung von Wissen und Entwicklung von Fähigkeiten die individuellen Qualitäten zu fördern. Das Studium ist daher nach dem Prinzip des forschenden Lernens aufgebaut, wobei die Wechselbeziehung von Theorie und Praxis die Grundlagen bilden.

Obwohl die Arbeit des Designers letztendlich in Objektstrukturen ihren Niederschlag findet, ist das eigentliche Ziel des Entwurfs die Erarbeitung von Konzepten und die Bestimmung von Gebrauchsqualitäten, sei es ein Einzelobjekt, ein Gesamtsystem, oder eine Dienstleistung. Dies wird in erster Linie durch die Gestaltung vermittelt.

Über gutes Design können wir dann sprechen, wenn die praktischen Funktionen und die ästhetische Wirkung eine Einheit bilden und die Erwartungen des Benutzers optimal erfüllen.

Nicht die Produkt-, sondern die Bedarfsorientierung bestimmt deshalb unsere Arbeit.

Im Mittelpunkt steht dabei die Erforschung der Wechselbeziehung zwischen Ratio und Emotio, sowie die soziokulturell geprägte Erwartung und Wahrnehmung des Benutzers. Erkenntnisse aus der Forschung finden ihre Bewertung bei der Umsetzung in die Praxis.

Kooperation mit anderen Disziplinen und Institutionen innerhalt und außerhalb der Universität sowie mit der Industrie geben hierfür die Voraussetzungen.

Dies ist ein wichtiger Aspekt der Vorbereitung für das spätere Berufsleben.

Einige Beispiele hierfür: Home Fitness (s. Seite 49), Office of the Future, Medical Design (General Electric Plastics), Injektions- und Kanülsysteme (Vigo), Bodenreinigung (Vorwerk), Konferenzmöbel (Sedus) (s. Seite 48), Modulares Badmöbel (Puris), Leichtbaustrukturen (Auroflex), Barrierefreie Küchen (Miele).

Teaching Post

Design is neither a technical nor an artistic phenomenon, but rather a social one.

Basic requirements to further such qualities are a variable choice of teaching themes and a delicate balance between the transmission of knowledge and the development of abilities. Work with students is therefore structured on the priniciple of learning through research, whereby the unity of theory and practice, or their interaction, forms the basis.

Although the work of a designer ultimately finds its realisation in the structure of objects, the real goal of design, beyond the rational qualities of concrete product usage, is the perception of the product-qualities through the senses i.e. to determine the emotional effect that will be achieved through the object, a whole system or service. This is taught by design.

We can only speak of good design when the practical function as well as the aesthetic effect build a unity and completely satisfy the expectations of the user.

Not the product-orientation, but the orientation of needs determines our work.

Therefore, research into the interaction between the technological-physical, rational, objective conditions of the world of objects and the socioculturally formed subjective expectations and perception of the user, is the focus of our work. Research results are judjed by transformation into practice.

Cooperation with other disciplines and institutions, inside and outside the university, as well as with industry, provide the necessary prerequisites.

This is an important aspect of preparation for the later professional life.

Some examples for this: Home Fitness (see p. 49), Office of the Future, Medical Design (General Electric Plastics), Injection and cannula system (Vigo), Floor cleaning (Vorwerk), Furniture for conferences (Sedus) (see p. 48), Modular furniture for bathrooms (Puris), Light aluminium constructions (Auroflex), Kitchens without barriers, (Miele).

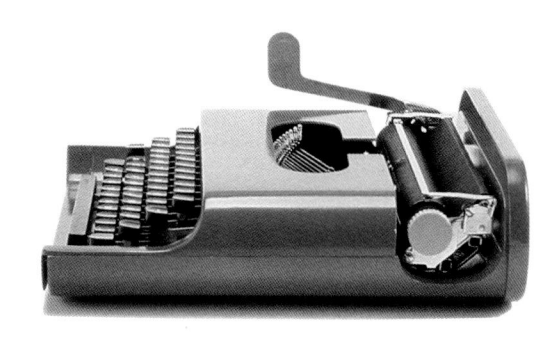

Reiseschreibmaschine 'Monpti'
Typewriter 'Monpti'
1972

Karstadt

Design
Stefan Lengyel

Konferenzstuhl 'Matine'
Conference Chair 'Matine'
1992

Mauser Office

Design
Stefan Lengyel

Konzeption und Entwurf

Conception and Design

Professor Friedbert Obitz

1936
Geboren in Berlin.

Studium Industrial Design in Hannover.

1960-65
Designer im Hause Siemens, Berlin und München.

1965-68
Designer bei Eliot Noyes & Associates in USA.

1968
Dozent an der Werkkunstschule Krefeld. Gründung und Ausbau der Industriedesign-Abteilung.

1979
Universitätsprofessor für Industrial Design, Konzeption und Gestaltung an der Universität Essen.

Seit 1986
Forschungs- und anwendungsorientierte Designstudien, Designconsulting und -transfer für kleinere und mittlere Unternehmen in NRW, sowie F&E-Projekte.

Lehrauffassung

Forschungsschwerpunkt *Ability Related Design* Gestaltung für Menschen mit funktionellen Einschränkungen, insbesondere für Blinde.
  Design optimiert die sinnlich wahrnehmbaren Qualitäten gestalteter Produkte, setzt Zeichen und gestaltet Gegenstände so, daß sie eindeutig für ihren Zweck bestimmt sind. Ability Related Design definiert eine Gestaltung für die besonderen Anforderungen an eine physio- und psychokonforme Gestaltung, die die Sinne der Menschen mit funktionellen Einschränkungen ihren Fähigkeiten entsprechend ästhetisch stimuliert und damit ihr körperliches und geistiges Wohlbefinden fördert.

1936
Born in Berlin.

Studied Industrial Design in Hannover.

1960-65
Designer for Siemens in Berlin and Munich.

1965-68
Designer for Eliot Noyes & Associates in USA.

1968
Lecturer at the Werkkunstschule in Krefeld. Founded and expanded the department for industrial design.

1979
University professor for Industrial Design, Conception and Design at the University of Essen.

Since 1986
Study groups for research and application orientated projects with students and assistant lecturers that are externally funded for small and middlesize firms.

Teaching Post

Focus in Ability Related Design *for people with functional handicaps, especially for blind people.*
  Design optimalises those qualities of a designed product which enable it to be perceived by the senses. It sets signs and gives objects a form, so that they are unambiguously suited to their purpose. Ability Related Design defines a design in conformity with the special physiological and psychological requirements of people with functional handicaps: it stimulates their abilities in an aesthetic way and thereby increases their bodily and spiritual well-being.

Die haptische Wahrnehmung eines Objektes erfolgt sukzessiv. Durch das umfassende, zergliedernde, aufbauende, alle Materialen und formalen Eigenschaften erkennende Tasten werden mehr Informationen aufgenommen als bei der nur visuellen Wahrnehmung. Die haptischen Eigenschaften eines Objektes sind verbunden mit der Wahrnehmung seiner anderen sinnlichen Qualitäten, z.B. Materialtemperaturen und Körperklang. Sie stehen in Beziehung zu einem bestimmten Umfeld, zu einer allgemeinen und, für den jeweils Wahrnehmenden, spezifischen Bedeutung. Blinde neigen in hohem Maße zur Wahrnehmung von geordneten, symmetrischen und prägnanten Gestaltereignissen. Andere formale Ausgestaltungen können irritieren. Nicht begreifbare Gestaltinformationen signalisieren Unordnung und bewirken Verunsicherung.

In einer Grundsatzuntersuchung zur Ermittlung blindenspezifischer Gestaltqualitäten haben wir Fragestellungen zur formalen, anmutungshaften und haptischen Signalgebung für die blindengerechte Produktgestaltung untersucht. In ausgewählten ergonomischen Studien beschäftigten wir uns vornehmlich mit der Brailletastatur und der Braillelesezeile, sowie den Raumproblemen auf integrierten Blindenarbeitsplätzen. Danach entwickelten wir ein Designkonzept für ein modulares Blindengerätesystem, daß wir gemeinsam mit unserem Partner Blista EHG optimiert und produktionsreif umgesetzt haben. Mit der Erfolgskontrolle an den Prototypen beendeten wir dieses Projekt.

Mit den folgenden ausgewählten Beispielen stelle ich meinen forschungsorientierten Schwerpunkt in der Lehre dar, der in den letzten Jahren auch mein freiberufliches Engagement bestimmt.

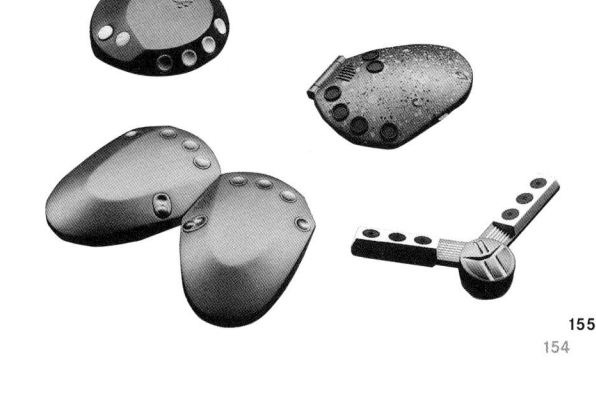

The haptic perception of an object occurs gradually. In a groping way – absorbing all the material and formal characteristics as a whole, analysing, constructing – more information is absorbed than through mere visual cognition. The haptic characteristics of an object are connected to the perception of other qualities by the senses e.g. material temperatures and the sound given off by the object. They relate to a particular surrounding, to a general, and for the person concerned, to a specific meaning. Blind people tend, to a large degree, to perceive ordered, symmetric and concise occurrences of form. Other formal shapes can irritate them. Information about shapes which they cannot grasp signalises disorder and results in confusion.

In the course of a basic examination of the qualities of design suited to blind people, we researched the transmission of formal, striking and haptic signals with regard to the design of products suited to the needs of blind people. In selected, ergonomic studies, we concentrated on the Braille keyboard and the Braille line of print, as well as the problem of space in integrated work units for the blind. Then we developed a design concept for a modular equipment system for blind people. This we developed optimally, in cooperation with our partner Blista EHG to a stage where it was able to be put into production. We concluded the project with follow-up controls of the effectiveness of the prototypes.

With the following selected examples I would like to present my special interest in teaching and in research – in recent years this has also been my freelance occupation.

Blutzucker-Analysegerät
Für eine zukünftige Gerätefamilie unterschiedlich leistungsfähiger Blutzucker-Analysegeräte sollte zu einem bestehenden Gerät das nächstgrößere entworfen werden. Dabei waren signifikante Gestaltmerkmale einer zukünftigen Corporate-Design-Linie zu entwickeln.
Blood Sugar Analyzer
For a future product group of differently strong blood sugar analyzers, the next largest should be projected to an existing device. Significant forming features of a future Corporate design line were to be developed in this case.
1997/98

CARE, Voerde

Design
**Marc Ruta
Kai Uetrecht
(CAD-Image,
Kai Uetrecht)**

Blindennotizgeräte
Für die Integration blinder und hochgradig sehgeschädigter Menschen in unsere Arbeitswelt sind Blindenhilfsgeräte zur elektronischen Erfassung, Verarbeitung und Darstellung von Texten und Daten unabdingbar. Diese so zu gestalten, daß sie optimal zu bedienen sind und den ästhetischen und psychologischen Bedürfnissen dieser sensiblen Personengruppe entsprechen, war unser Anliegen.
Blind memo devices
For the integration of blind and visually handicapped human beings into our working world are blind service aids indispensable for the electronic recording, the workmanship and representation of texts and data.
1992

Blista EHG

Design
Jörg Ibach

Konzeption und Entwurf

Conception and Design

Professor Klaus Fleischmann

1937
Geboren in Nürnberg.

Optikerlehre; Studium Maschinenbau; BDI-Seminar Technische Morphologie; Formgeberstipendium des Kulturkreises im BDI; 2 Jahre Fertigungs-Ingenieur und Konstrukteur; 5 Jahre Designer bei der Siemens AG.

Seit 1968
Lehrer an der Werkkunstschule Dortmund.

Seit 1974
an der Fachhochschule Niederrhein in Krefeld.

Seit 1978
Professor an der Universität Essen.

Seit 1963
Freiberufliche Entwurfstätigkeit: Feuerlöscher, Schulmöbel, Büromöbel, Haushaltsartikel, Wohnwagen, Laser-Maschinen, Meßgeräte, elektrische Schaltgeräte, Leuchten, Sanitärarmaturen, Messestände etc.

Lehrauffassung

Die Entwurfsarbeiten sind ausgerichtet auf das forschende Lernen. Sie ermutigen zu schöpferischer Freiheit, gepaart mit professioneller Disziplin und suchen Talente zu entwickeln durch praktische Erfahrung, auch in Zusammenarbeit mit Unternehmen, die eingebunden ist in ein Umfeld aus Theorie und kritischer Analyse.

1937
Born in Nürnberg.

Practical training as an optician; studied mechanical engineering; BDI-seminar Technical morphology; scholarship from the BDI; 2 years of work as engineer and constructor, for 5 years working as a designer for Siemens AG.

Since 1968
Teacher at the Werkkunstschule in Dortmund.

Since 1974
Taught at the Fachhochschule Niederrhein in Krefeld.

Since 1978
Professor at the University of Essen.

Since 1963
Freelance designer: fire extinguishers, school furniture, office furniture, household goods, caravans, laser-machines, electrical switches, lamps, sanitary fittings, exhibition stands, etc.

Teaching Post

The design exercises are based on active learning. They encourage the students' creative freedom together with professional discipline and seek to develop talents through practical experience in cooperation with companies. This takes place in an environment of theory and critical analysis.

Einhebelmischer
One-armed mixer tap
1997

Hansa

Design
Klaus Fleischmann

NH-Sicherungs-Lasttrenner, Teil eines Geräteprogramms
NH-safety separator for loads, part of a tool programme
1997

Efen

Design
Klaus Fleischmann

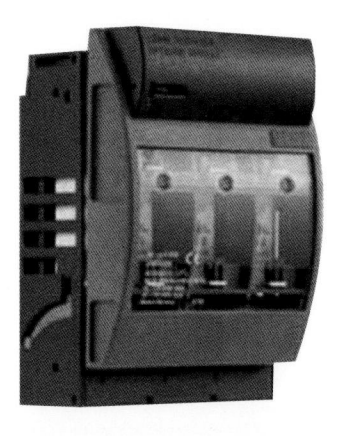

1940
Geboren in Köln.

1969
Meisterprüfung als Silberschmied.

1975
Studium an der Fachhochschule Köln zum Designer.

Seit 1970
Lehrer an der Fachhochschule Köln.

Seit 1978
Lehrer an der Universität Essen.

1940
Born in Cologne.

1969
Examination for master craftsman's diploma as a silver smith.

1975
Studied design at the Technical University of Cologne.

Since 1970
Teacher at the Technical University of Cologne.

Since 1978
Lecturer at the University of Essen.

Modellbau
Model-Making

Gerd Beineke
Lehrer für besondere Aufgaben
Tutor for special subjects

Optimiertes CD-Tray
Optimized CD-tray
1997

Deja Accessoires GmbH

Design
Gerd Beineke

Entwurfsgrundlagen

Design Fundamentals

Steffen Boeckmann
Lehrer für besondere Aufgaben
Tutor for special subjects

1939
Geboren in Königsberg, Ostpreußen.

1957
Schulabschluß an der Technischen Oberschule Hamburg.

1960
Gesellenbrief.

1960-67
Studium an der Folkwangschule für Gestaltung, Industrial Design bei Prof. Werner Glasenapp, Diplom.

1967-70
Designer in der Möbelindustrie.

1970
Beginn der Lehrtätigkeit an der Folkwangschule.

1980
Übernahme als Lehrer für besondere Aufgaben an die Universität Essen.

1984-89
Lehrauftrag an der HdK Berlin.

1970-97
Freier Mitarbeiter und Designer u.a. Firma Bosse-Production, Interlübke, Herlag, D-Tec.

1990–96
Gemeinschaftliches Designbüro in Essen.

1939
Born in Königsberg, East Prussia.

1957
Educated at the Technical Highschool in Hamburg.

1960
Journeyman's certificate.

1960-67
Studied Industrial Design under Professor Werner Glasenapp at the Folkwangschule for Design, Degree.

1967-70
Designer in the furniture industry.

1970
Took up a teaching post at the Folkwangschule.

1980
Lecturer for special tasks at the University of Essen.

1984-89
Teaching Post at the University of Art in Berlin.

1970-97
Freelance assistant and designer for various companies including Bosse-Production, Interlübke, Herlag, D-Tec.

1990-96
Joint Design Office in Essen.

Schreibtischprogramm 'Compasso'
Desktop programme 'Compasso'
1993-96

Bosse-Production

Design
Steffen Boeckmann
Claus Lippe

Lehrauffassung

Die Unterrichtsinhalte werden nach dem Prinzip des forschenden Lernens vermittelt. Ziel der Veranstaltung ist, durch Vermittlung von Fähigkeiten und Kenntnissen in Theorie und Praxis die gestalterische Kompetenz des einzelnen zu steigern und ihre persönliche Entwicklung zu fördern.

Entwurfsmethodik als Strukturierungsprozess

Professionelles Entwerfen bedient sich des planbestimmten, zielorientierten Vorgehens. Um alle zentralen Daten und Fakten (Kontexte), auch divergierender Information, rational zu erfassen und in den Prozeß der Vorstellung zu integrieren, bedarf es der strukturierten Arbeitsschritte (Phasen). Selbst die Überprüfung der Vorstellungen (Idee) auf ihre industrielle Machbarkeit – inhärenter Bestandteil jedes Designentwurfs – unterliegen methodischen Arbeitsweisen.

Besonderer Schwerpunkt der Entwurfsmethodik liegt in der Fähigkeit interdisziplinär erarbeiteter Erkenntnisse und Daten aus den Teildisziplinen (Ergonomie, Technologie, Marketing etc.) zu strukturieren, um sie in einem Entwurfsergebnis zu bündeln.

Auf der Erkenntnis, daß jede Entwurfstätigkeit biographischen Charakter hat, ist in der Lehrveranstaltung eine offene, kreative atmosphärische Qualität besonders wichtig, damit Phantasie und intellektuelle Fähigkeiten sich zu fachlicher und gestalterischer Kompetenz entwickeln können.

In den Entwurfsgrundlagen werden keineswegs nur schematische Ergebnisse erarbeitet, sondern von Anfang an, wird die Gestaltung im Entwurfprozeß, in kulturellen Kontexten, als Arbeit am persönlichen Stil aufgefaßt (Form und Inhalt als Einheit). Bestimmt wird die Lehre durch die beiden pädagogischen Prinzipien: Einheit von Theorie und Praxis und dem forschenden Lernen.

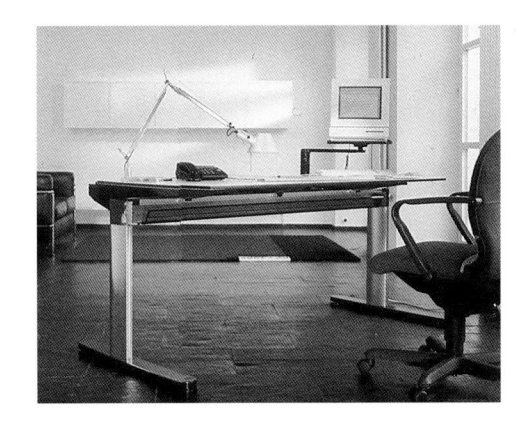

Teaching Post

The seminars are taught according to the principle of active learning. During these seminars students learn more about the theoretical and practical aspects of design and this knowledge helps to promote the students' personal development.

Drafting Methods as a Structuring Process

Professional drafting is conducive to planned, goal-directed procedures. Structured work periods (phases) are necessary to grasp rationally all the central facts (context) and divergent information and integrate them into the imaginative process. Even the examination of an idea with regard to its industrial practicality – an inherent part of every design draft – must be carried out in accordance with a certain method.

The emphasis of drafting methodology is laid on the ability to structure results and data from interdisciplinary work (ergonomy, technology, marketing etc.) and to combine them into a unified whole.

Because of the realisation that all work on a draft has a biographical character, an open, creative atmosphere is vital in classes, only thus can fantasy and intellectual gifts be developed into professional designer competence.

Basic courses in drafting are by no means limited to the working out of schematic results – from the beginning, design in the drafting process is understood in its cultural context, as work on a personal style (form and content as a unity). Teaching is determined by two pedagogical processes: the unity of theory and practice and experimental learning.

Schreibtischprogramm 'Compasso'
Desktop programme 'Compasso'
1993-96

Bosse-Production

Design
**Steffen Boeckmann
Claus Lippe**

Designmanagement

Designmanagement

Susanne Merzkirch
Wissenschaftliche Mitarbeiterin
Academic Assistent

1966
Geboren in Freiburg im Breisgau.

1986-94
Industrial Design Studium an der Universität Essen; mehrere Auslandsaufenthalte während des Studiums (Stipendien).

1991-94
Freiberufliche Designertätigkeit.

1994-96
Tätigkeit als leitende Industrial Designerin bei der Firma Miele in Warendorf.

Seit 1996
Wissenschaftliche Mitarbeiterin der Universität Essen im Studiengang Industrial Design bei Professor Stefan Lengyel.

Seit 1997
Lehrauftrag für Designmanagement an der Universität Essen.

Seit 1998
Leitung des Fellowship-Programmes für den Studiengang Industrial Design. ECTS Koordinatorin für den Studiengang Industrial Design.

Designauszeichnungen u.a. IF-Siegel Hannover, Roter Punkt des Designzentrums Nordrhein Westfalen.

1966
Born in Freiburg in Breisgau.

1986-94
Studied Industrial Design at the University of Essen; Several study periods abroad during degree course (scholarships).

1991-94
Freelance designer.

1994-96
Worked as a leading industrial designer for the company Miele in Warendorf, Germany.

Since 1996
Assistant lecturer at the University of Essen in the faculty of Industrial Design under Professor Stefan Lengyel.

Since 1997
Lecturer for design management at the University of Essen.

Since 1998
Coordinator of the fellowship program for the faculty of Industrial Design. ECTS coordinator for the faculty of Industrial Design.

Won design awards such as IF Hannover, Red Dot from the Designcenter in North Rhine Westfalia.

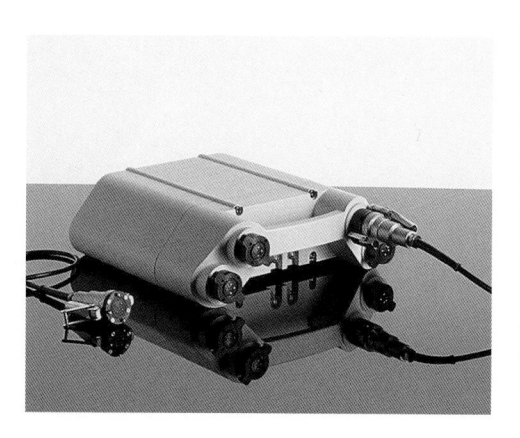

Seismographisches Meßgerät
Seismographic device
1992

Deutsche Montan Technologie

Design
Susanne Merzkirch

Lehrauffassung

Unternehmen aller Branchen unterstehen einem immer größer werdenden Wettbewerbsdruck, der durch immer schnellere Veränderungen provoziert wird. Nicht mehr nur Preis und Qualität eines Produktes oder einer Dienstleistung entscheiden über den Markterfolg, sondern das Produktdesign wird zunehmend als Marketinginstrument erkannt. Dabei entwickelt sich auch zunehmend eine Design-Qualität, die zu immer neuen Herausforderungen zwingt und somit zu einem festen Bestandteil der Produktentwicklung in Unternehmen geworden ist.

Aufgabe des Designmanagement ist es, Designer von heute auf die zunehmend komplexeren Strukturen der Produktentwicklung vorzubereiten. Die Gestaltung eines Produktes stellt nur einen kleinen Bereich auf dem Weg zum Markterfolg eines Produktes dar. Designmanagement hat sich zur Aufgabe gemacht, die nötigen Voraussetzungen zu schaffen, um gutes Produktdesign überhaupt zu ermöglichen.

Grundlage hierfür ist die Corporate Identity eines Unternehmens. Dafür Sorge zu tragen, daß diese Unternehmensphilosophie durch ein Produkt oder eine Dienstleistung zum Ausdruck gebracht wird, obliegt dem Designmanagement. Als Koordinator zwischen den Disziplinen muß sich der Designmanager auf allen Gebieten – vom Marketing bis hin zur Konstruktion – bewegen können.

Die nötigen Fähigkeiten und möglichen Instrumente zu vermitteln, ist Aufgabe der Veranstaltung Designmanagement. Vermittelt werden die Vorgehensweisen zur Projektablaufplanung (Projektstrukturierung, Projektformulierung, Zeitplanung, Kreativitätstraining, Bewertungsverfahren zur zielbewußten Erzeugung und Kontrolle von Entwurfsalternativen) ebenso wie ein Verständnis für Corporate Identity – aufgesplittet in Corporate Communication und Corporate Design – und das Corporate Image.

Teaching Post

All branches of enterprise are being subjected to an increasingly strong pressure by the competition provoked by faster and faster changes. No longer is the marketing success of a product solely determined by its quality or design or by the services offered, but product design is seen more and more as a significant marketing tool. Thereby a design quality is being developed and emerging as an ever-new challenge and so has become an essential part of the product development in enterprise.

The task of design management is to prepare designers today for the increasingly complex structures of product development. The design of a product is only a small step on the path to market success. Design management has as its goal the provision of the prerequisites necessary for good product design.

The basis of this is the Corporate Identity of an enterprise. Design management has to take the responsibility for expressing the philosophy of an enterprise through a product or a service. As coordinator of disciplines, the design manager must be at home in all areas – from marketing to construction.

The study course in Design Management has the task of imparting the necessary abilities and possible tools. What is conveyed is strategies of project planning (project structuring, project description, time allotment, creativity training, evaluative methods in the production and control of alternative drafts) as well as an understanding of Corporate Identity – consisting of Corporate Communication and Corporate Design – and the Corporate Image.

Küchen und Innenausstattung
Kitchens and interior decorations
1995

Miele & Cie

Design
**Werksdesign
(Susanne Merzkirch)**

Küchen und Innenausstattung
Kitchens and interior decorations
1995

Miele & Cie

Design
**Werksdesign
(Susanne Merzkirch)**

Anhang

Appendix

Lehrende
Teachers

Hauptamtlich Lehrende in den Bereichen Gestaltung, Konzeption und Entwurf
Full-time teachers in the fields of design, conception and planning
1949-1999

Rainer Bergmann
1978-86
Entwurf Industrial Design
Industrial design planning

Steffen Boeckmann
seit 1970
Entwurfsgrundlagen und -übungen
Design fundamentals and exercises

Ralph Bruder
seit 1996
Ergonomie
Ergonomics

Ulrich Burandt
1978-94
Ergonomie, Entwurfsgrundlagen
Ergonomics, Basic design

Klaus Dombrowski
seit 1978
Gestaltungsgrundlagen
Basic design

Klaus Fleischmann
seit 1978
Entwurf Industrial Design
Industrial design planning

Erich Geyer
1976-88
Produktplanung
Product planning

Werner Glasenapp
1949-69
Produktentwicklung und -gestaltung
Product development and design

Jörg Glasenapp
1958-65; 1968
Produktgestaltung und -entwicklung
Product planning and development

Jürgen Junginger
seit 1991
Zeichnerische Darstellung
Drawing

Rudolf Knubel
1971-76
Plastisches Gestalten, Wahrnehmungslehre
Three-dimensional design, perception theory

Stefan Lengyel
seit 1965
Entwurf Industrial Design
Industrial design planning

Friedbert Obitz
seit 1978
Entwurf Industrial Design
Industrial design planning

Lehrbeauftragte
Lecturers
1949-1999

Theo Anschütz
1971-78
Methoden zum Industrial Design
Industrial design methods

Volker von Anselm
1992
CAD-Darstellung
CAD

Roman Antonoff
1973-80
Designtheorie
Design theory

Uwe Bahnsen
1964-65
Automobil-Design
Motor car design

Henning Barwig
1979-81
Zeichnerische Darstellung
Drawing

Karl-Dieter Bodack
1972-73
Schienengebundene Transportmittel
Trail transport systems

Robert Bossard
1966-67
Soziologie
Sociology

Hans-Rüdiger Bruckmann
1991-92
Design-Marketing
Design marketing

Ulrich Burandt
1972-76
Ergonomie
Ergonomics

Klaus Cech
1982-87
Zeichnerische Darstellung
Drawing

Natasa Drakula
1999
Typografie
Typography

Erich Geyer
1989-98
Produktplanung
Product planning

Oswald Gibiec
1975-76
Design-Praxis
Design practice

Iskender Gider
1990
Darstellung
Drawing

Michael Grillo
1989-90
Entwurf Industrial Design
Industrial Design planning

Andreas Henrich
seit 1997
Entwurf,
Lichtanwendung
*Planning,
application of light*

Jürgen Junginger
1987-90
Zeichnerische
Darstellung
Drawing

Ulrich Kern
seit 1998
Produktplanung,
Designmanagement
*Product planning
Design management*

Hans Kneller
seit 1993
Design-Praxis
Design practice

Renate Kübler
1971-79
Informationsästhetik
Information aesthetics

Klaus Limberg
1972-82
Konstruktions-
und Wertanalyse
*Structural
and value analysis*

Norbert Linke
1992
Entwurf,
Laser Technologie
*Laser technology
planning*

Klaus Linneweh
1973-76
Kreativitätstraining
Creativity training

Ed Lucey
1964-65
Zeichnerische
Darstellung
Drawing

Siegfried Maser
1975-76
Designtheorie
Design theory

Chrisza Nolte
1998-99
Design Spanisch
Design spanish

Wolf Reuter
1990-91
Designtheorie
Design theory

Egbert Ronnefeld
1978-82
Zeichnerische
Darstellung
Drawing

Wilhelm Sander
1986
Zeichnerische
Darstellung
Drawing

Emil Schuh
1969-70
Schienengebundene
Transportsysteme
Trail transport systems

Hans Seer
1970-71
Automobil-Design
Motor car design

Bruno Sijmons
1980-83
Zeichnerische
Darstellung
Drawing

Borek Sipek
1978-82
Designtheorie
Design theory

Rolf Strohmeyer
1982-84
Zeichnerische
Darstellung
Drawing
1989-93
Design-Praxis
Design practice

Ernst Werner
1971
Technische Physik
Technical physics

Joachim Wolff
1976-82
Technische Physik,
Konstruktion
*Technical physics,
construction*

Manfred Zorn
197-76
Planungsmethoden
Planning methods

Wissenschaftliche,
künstlerische,
unterrichtstechnische
Mitarbeiter;
sonstige Lehrende
*Academic, artistic,
technical assistants;
other technical staff*
1949-1999

Gerd Beineke
seit 1976
Modellbau
Model-making

Christoph Berg
1968-69
Modellbau
Model-making

Gustav Bröschen
1950-74
Modellbau,
Werkstatt Metall
*Model-making,
metal workshop*

Attila Bruckner
1981-86
Wissenschaftlicher
Mitarbeiter am
Lehrstuhl Industrial Design
*Academic assistant
in the Industrial
Design department*

Eberhard Busskamp
1965-67
Modellbau
Model-making

Heiko Falk
1969
Organisation
Organization

Peter Frank
1964-69
Produktplanung,
Organisation
*Product planning,
organization*

Norbert Hammer
1986-96
Wissenschaftlicher
Mitarbeiter am
Lehrstuhl Industrial Design
*Academic assistant
in the Industrial
Design department*

Susanne Merzkirch
seit 1996
Wissenschaftliche
Mitarbeiterin am
Lehrstuhl Industrial Design
*Academic assistant
in the Industrial
Design department*

Bernhardt Müller
1974-99
Modellbau,
Werkstatt Metall
*Model-making,
metal workshop*

Theodor Siersdorfer
1957-74
Technologie,
Sachfotografie
*Technology,
specialist
photography*

Bruno Sijmons
1990-91
Forschungsprojekt
Research project

Hans-Martin Rapp
seit 1969
Modellbau
Model-making

Wolfgang Röver
seit 1969
Organisation,
Studienberatung
*Organization,
course advice*

Heinrich Wins
1978-99
Modellbau,
Werkstatt Holz
*Model-making,
wood workshop*

Studenten

Students

1949
Angerhöfer, Erich
Ehring, Heinz
Siersdorfer, Theodor
Schlagheck, Norbert
Schwabe, Herbert
Schwigat, Fritz

1951
Küper, Alfons

1953
Glasenapp, Jörg
Klein, Erich
Meyer, Rolf

1954
Burandt, Ulrich
Gilges, Hans-Wilhelm
Müller, Gerhard
Paulmann, Gerd
Schwarz, Wilfried
Sievering, Alois
Thiel, Albert

1955
Glossat, Horst
Heups, Gert
Koller, Ingrid
Memmesheimer, Hans-Günther
Schott, Theodor
Schwab, Georg
Vaillant, Carl

1956
von Dovermann, Edgar
von Recklinghausen, Hans
Treese, Hans-Werner
Uellenberg, Hans-Kurt

1957
Cech, Klaus
Hehner, Klaus-Dieter
Jantzen, Edelgard
Meyer, Karl-Günter
Möbius, Wolfgang
Ochs, Robert
Petersen, Peter
Seer, Hans

1958
Cunz-Glasenapp, Daghild
Edel, Rolf
von Klinkovström, Arved
Lichtenvort, Uwe

1959
Frank, Peter
Gauß, Klaus-Dieter
Jahn, Horst
Jung, Dieter
Kirschstein, Hans-Joachim
Schmude, Leonhard
Waklhoff, Klaus
Woyack, Werner

1960
Devos, Francis-Marie
Gallizzi, Raffaello
Hantke, Rainer
Kolloch, Leonhard
Mittal, Ashok
Mittmann, Axel
Trodler, Hans-Joachim

1961
de Bruin, Jacques
Buchsteiner, Bernd
Busskamp, Eberhard
Frerkes, Josef
Giesche, Wolf Dietrich
Gorsz, Hans-Georg
Grimm, Michael
Kalthoff, Alfred
Kersten, Peter
van der Laar, Robert
Rudolph, Ortwin
Winkel, Rudolf
Zorn, Manfred

1962
Baxter, Geoffrey
Boeckmann, Steffen
Holthaus, Elmar
Käo, Tönis
Pokorny, Klaus
Ronnefeldt, Egbert
Sander, Frank
Schindler, Hans Jürgen

1963
Badawi, Achmed
Berg, Christoph
Berg, Wolfgang
Beutner, Ewald
Brauhauser, William
Flath, Wolfgang
Hass, Monika
Hirsch, Ulrich
Hoenig, Helge
Hornbacher, Faith
Kaiser, Beno
Keunecke, Karl-Heinz

1964
Cheng, Carl Fu Kang
Cunningham, Tim
Ellermeier, Konrad
Falk, Heiko
Fritsche, Jochem
Hilgering, Reinhold
Kilian, Alfred
Lüttringhaus, Heinz
Mahler, Heiko
Peschel, Werner
Schindhelm, Rainer
Seliger, Reiner
Simon, Klaus
Stirm, Michael

1965
Hünting, Wilhelm
Junginger, Jürgen
Kahlcke, Hartwig
Krüger, Werner
Rapp, Hans-Martin
Röver, Wolfgang
Schmitz, Hanno
Seiffert, Florian
Wohlmeiner, Dietmar

1966
Degen, Rono
Dimpflmeier, Johannnes
Gibiec-Oberhoff, Oswald
Hübner, Gerhard
Klein, Roswitha
Nottebohm, Götz
Nüsse, Octavio
Rumey, Ulrich
Scheffler, Waldemar
Tenderich, Elke
Walter, Christian

1967
Brinkmann, Fritz
Bruns, Ulrich
Folten, Rüdiger
Gabbert, Rolf
Kieselbach, Ralf
Krahe, Jorge
Littman, Ludwig
Munro, Bruce
Neumann, Michael
Schröpfer, Hans
Schwarz, Helmut
Voormann, Jörg
Walter, Carsten

1968
Aoijs, Dieudonne Gerard
Becker, Otto
Brendgens, Lothar
Fuchs, Tilmann
Grgec, Ivan
Jantke, Wolfgang
Jeziorski, Manfred
Joswig, Siegfried
Löckmann, Rolf
Moser, Willy
Saro, Hans-Eberhard
Schneider, Peter
Treiser, Edgar

1969
Bannenberg, Manfred
vom Brocke, Eberhard
Cheng, Yuan-Jiin
Dickhaus, Reiner
Frowein, Wolfgang
Hasslacher, Thomas
Hetzel, Elke
Hirschfeld, Norbert
Hollenstein, Erich
Jaw, Kwo Tzong
Leschke, Harald
Lobmeyr, Maria
Rösler, Thilo
Rost, Jürgen
Schmidt, Frauke
Shih, Chien-Lie
Soulitiotis, Georgios
Stock, Werner
Zimmermann, Dieter

1970
Ahlers, Bernd
Bradland, Birger
Brunswick, Robert
Frey, Jürgen
Gerhardt, Heiner
Haan, Dirk
Hammer, Norbert
Holtermann, Michael
Kartheuser, Heidrun
Merkel, Nikolaus
Mey, Friedemann
Meyer, Michael
Napiersk, Wolfgang
Opsvik, Peter
Osterwald, Klaus
Rebentisch, Wolfgang
Sauer, Werner
Scheipers, Dieter
Schmidt, Helmut
Schmitz, Norbert
Schrader, Helmut
Schulze-Happe, Wolfgang

1971
Berhalter, Heinz
Brandi, Enno
Hack, Christian
Hetzel, Elke
Kotortsis, Michael
Langer, Gerd
Matthies, Siegfried
Mirajkar, Padmakar
Möritz, Thomas
Riehle, Thomas
Rixen, Edgar
Schäfer, Josef Johann
Schulze-Happe, Wolfgang
Tausendfreund, Lutz

1972
Arnscheid, Helmut
Beineke, Gerd
Biedermann, Werner
Feider, Wolfgang
Frey, Michael
Giesen, Lothar
Hahn, Hans-Jürgen
Hoesch, Christoph
Keller, Peter
von Kleinsorgen, Lothar
Kneller, Hans
Kruse, Dieter
Lin, Hsin-Lung
Ma, Chia Hsiang
Makedonski, Manfred
Meyer, Gottfried
Müller, Hans
Ogawa, Meiko
Pittelkow, Falk
Pleyer, Helmut
Roohnikan, Rahim
Schwerter, Heribert
Springer, Michael
Strohmeyer, Rolf
Trösser, Michael
Zimmerer, Johannes
Zimmermann, Johannes

1973
Baisch, Raimund
Bracht, Olaf
Bremann, Jürgen
Eden, Gerd
Eggert, Dieter
Günther, Manfred
Hänsel, Gudrun
Hoffmann, Hans-Werner
Karsch, Jochen
Kloes, Ulrich
Kluge, Gerhard
Lein, Gunda
Möcking, Volker
Obliers, Dirk
Schmidt, Ulrich
Schommer, Gerhard
Steinbach, Wilfried

1974
Barwig, Henning
Bruckner, Attila
Christoph, Bernice
Douma, Rainer
Flamm, Fiedhelm
Hadifar, Ali
Hübner, Jürgen
Hülswitt, Peter
Hundertmark, Alfred
Knöchner, Michael
Langenkamp, Burkhard
Leggewie, Michael
Nobbe, Michael
Ostermeier, Heinz
Plutte, Sybile
Pruss, Ulrich
Schwaderer, Dieter
Settelmeier, Detlef
Sobottka, Rolf-Rüdiger
Wegner, Harald
Wenzel, Helmut
Wicke, Werner

1975
Antzak, Peter
Becker, Wolfram
Bidder, Hans-Werner
Büneke, Christian
Buning, Gerd
Goertz, Heinz
Grewe, Christine
Hammerschmidt, Volker
Hemmerde, Theodor
Hogrebe, Ludwig
Jansen, Elisabeth
Johrden, Martin
Koncel, Franz-Josef
Lai, San Huai
Lämmchen, Karl-Heinz
Linnemann, Mechthild
Linneweber, Wolfgang
Lips, Roger
Meyer, Ulrike
Michalek, Rainer
Musholt, Joachim
Richter, Klaus
Sander, Friedrich
Sarrafi, Mohammed Hassan
Schaus, Thomas
Schober, Annette
Schöberl, Norbert
Schröder, Dirk
Thomkins, Nikolaus
Weiden, Ulrich
Wiedebusch, Armin
Wüstefeld, Michael
Yashida, Maschiro

1976
Adler, Gosbert
Biermann, Dietrich
Börgens, Markus
Bröcking, Ulrike
Golberg, Claudia
Heising, Willy
Hoffmann, Hans-Werner
Jung, Dietrich
Karle, Reinhard
Kemker, Uwe
Kohl, Joachim
Koleki, Michael
Laukel, Bettina
Lückemeier, Jens Uwe
Maczionsek, Claudia
Müller, Uwe
Pütz, Michael
Schartel, Renate
Spitzley, Gunther
Sterle, Ottmar
Teymurian, Turadj
Thein, Udo
Venedey, Klaus
Wiedemann, Brigitta
Zölch, Volker

1977
Abbing, Heinz-Georg
Backes, Detlef
Bannach, Knut
Beckmann, Franzis
Clasen, Dieter
Döring, Klaus-Dieter
Felix, Domenico
Frangenberg, Jutta
Gerlach, Thomas
Godry, Peter
Gottlob, Kai
Grenz, Monika
Hahn, Uwe
Höker, Thomas
Jurosch, Ulrike
Kapitza, Peter
Kappen, Christoph
Kirschnig, Thomas
Läpper-Röhricht, Brigitte
Meza-Tames, Victor
Müller, Ulrich
Müller-Mohnssen, Yvonne
Niermann, Ortrud
Ostkamp, Norbert
Rausch, Ride
Reifer, Hans-Georg
Röling, Dieter
Rüsch, Bärbel
Schirpenbach, Peter
Schranps, Peter
Szillat, Sabine
Tesch, Elke
Tinz, Peter
Tschoepke, Dietrich
Vollowein, Rainer
Walta, Dietmar
Weber, Michael
Wilhelm, Gertrud

1978
Ballendat, Martin
Heindrichs, Gordian
Kläsener, Michael
Köhne, Andrea
Kotthaus, Hans-Joachim
Linne von Berg, Norbert
Meinert, Franz
Mendez-Salgueira, José
Morvai, Laslo
Peerstoe-Kotthaus, Sigrun
Pessara, Volkmar
Rick, Edith
Wahl, Hans-Peter

1979
Amman, Andreas
Bartek, Ingryd
Hogrebe, Ludwig
Jobs, Uwe
Kunzerdorf, Andre
Lippe, Claus
Martin-Iniesta, Jose
Natschka, Peter
Rath, Joachim
Röcher, Helmut
Weber, Annette

1980
Bender, Hans-Siegfried
Boerner, Cornelius
Chaiprasert, Vithoon
Huppertz, Marco
Jost, Petra
Kapitzka, Peter
Kuhlmann, Jochen
Martin, Matthias
Nitsch, Manfred
Rossnagel, Klemens
Ruhr, Gerhard
Rzepa, Robert
Scholz, Walter
Thomauske, Norbert
Weber, Peter

1981
Ellerichsmann, Barbara
Golz, Hans-Peter
Hoppe, Thomas
Kennel, Thomas
Kronhardt, Reemt
Masanetz, Gerhard
Meyer, Andreas
Pütz, Stefan
Röhling, Wolfgang
Scharfenberg, Uwe
Schneider, Henning
Sommer, Michael
Wild, Markus

1982
Almenräder, Sylvia
Bickler, Heiner
Bieler, Wolf
Brudsche, Susanne
Cengiz, Dilber
Esser, Jürgen
Esser, Peter
Fiene, Hartmut
Haensch, Frederic
Hoyer, Matthias
Leukert, Andrea
Meurer, Werner
Nötzig, Andreas
Ortwig, Jan Peter
Preisler, Jutta
Quiqueran-Beaujeu, Christoph
Reindl, Lucien
Sach, Martin
Schürmann, Randolf
Teves, Harald
Weber, Hermann
Weissgerber, Bernd

1983
Büscher, Hanne
Corr, Ludwig
Haakshorst, Bernhard
Henrich, Andreas
Herold, Jochem
Hosenfeld, Michael
Huppertz, Marco
Jakubowski, Ralf
Kalbers, Martin
Knauff, Volker
Knecht, Rolf
Kreuser, Peter
Kurz, Dorian
Liebsch, Yorgo
Manhart, Klaus
Mies, Ruth
Pechmann, Dieter
Radtke, Stefanie
Sawatzki, Gert
Schäfer, Frank
Schmidt, Günter
Schmitt, Marc
Schröder, Frank
Steiger, Thomas
Sträter, Marcel
Straub, Ingolf

1984
Artz, Wolfgang
Blank, Christoph
Büsse, Lothar
Hanisch, Andre
Hartung, Michael
Hinz, Wolfgang
Hirtes, Martina
Jüttenberg, Andreas
Kalbers, Martin
Kühnel, Jörn
Reimbold, Lukas
Schulze, Andreas
Thelen, Birgit
Wolf, Michael
Wronka, Rainer
Zimmermann, Oliver

1985
Ambrozus, Stefan
Bialas, Albrecht
Botsch, Marcus
Brand, Christian Michael
Bruell, Ekkehard
Buurmann, Gerhard
Gockeln, Rainer
Hendrix, Ingmar
Hieronymus, Jörg
Jung, Thomas
Kerber, Udo
Klanten, Robert
Kratz, Helmut
Kuhn, Harald
Lammel, Michael
Matuschka, Michael
Runge, Christoph
Schmidt, Sabine
Seegatz, Andreas
Stark, Peter
Urrucha, Joe
Uzuga, Jose
Weiland, Christian
Weirich, Sascha
Wenzel, Torsten
Winckler, Dietmar
Wolf, Claudia

1986
Braake, Knut
Chi, Immanuel
Geisen, Bernhard
Hollmann-Loges, Markus
Kondermann, Ralph
Kowalczyk, Paul Ewald
Lengner, Michael
Maaß, Rudolf
Mattusch, Thomas
Merzkirch, Susanne
Müller, Horst
Nolte, Andreas
Orlik, Roland
Peyerl, Andreas
Rosenthal, Bernd
Schwingen, Stefan
Stanislawski, Jens
Thauern, Christoph
Thije ten, Hajo
Wischerski, Veronika

1987
Behrens, Kina
Besner, Marcel
Brettschneider, Martin
Folz, Rosana Rita
Folz, Christian Julius
Kannengießer, Yvonne
Keffel, Guido
Kemena, Stefan
Krems, Peter
Kreuser, Oliver
Marx, Christian
Milde, Stephan
Moll, Wolfgang
Pohl, Henning
Polland, Martin
Reeb, Markus
Reiners, Stefan
Rüther, Markus
Schäfer, Klaus
Scheffer, Vasile
Sieger, Michael
Smarslik, Christian
Stotz, Oliver
Zuluaga, Inigo

1988
Büchner, Simone
Dörich, Udo
Eichler, Christian
Esser, Stefanie
Fankhänel, Jens
Göke, Michael
Grobe, Stefan
Grote, Cord-Hinrich
Hellenkamp, Bernd
Ibach, Jörg
Krause, Andre
Kroehl, Peter Johann
Metz, Markus
Middelhauve, Martin
Paulin, Marc
Pleuger, Carsten
Sauvant, Lutz
Schade, Susanne
Schmidt, Tobias
Stephan, Alex
Thiele, Walter
Thoms, Karsten
Traude, Julia
Veerbeeck, Jens-Oliver
Völkel, Michael
Walter, Oliver
Winzen, Robert
Zimmermann, Dirk

1989
Adrian, Ute
Beilke, Michael
Braster, Gesa
Eifler, Claus
Faust-Henrich, Christina
Fedderke, Helge
Geelen, Norbert
Grünewald, Thomas
Hartmann, Christoph
Helbig, Axel
Illert, Bertrand
Karka, Bekir
Kilders, Robert
Künstler, Lars
Münter, Frank
Neumann, Frank
Salmen, Hartmut
Schmitz, Stephan
Wilps, Andre
Zorn, Nils

1990
Allard, Jochen
Bellenberg, Christoph
Brandt, Antonia
Dontsch, Martin
Fard, Ahmad Nedai
Fecke, Andreas
Goertz, Dominique
Keller, Peter
Kranz, Ute
Krappmann, Matthias
Kremeike, Fritjof
Labonte, Christian
Lotz, Oliver
Lou, Kaiming
Meyer, Klaus
Moon, Jae-Ho
Schaarschmidt, Sven
Schäckermann, Frank
Schnittker, Michael
Schwärztel, Dirk
Seyed-Asgari, Cambiz
Shafeghati, Yahya
Solbach, Oliver
Stenzl, Matthias
Tukiendorf, Olaf
Wagener, Gordon
Wolfring, Claudia

1991
Beucker, Ivo
Blum, Frank
Choopankareh, Vahid
Drawert, Christian
Freitag, Stefan
Gersch, Petra
Gratzki, Torsten
Kräuter, Ralph
Leu, Oliver
Moon, Sae-Ho
Neuburg, Ingo
Ritzerfeld, Hanno
Schmitz, Ingo
Sommer, Peter
Zimmermann, Sylvia

1992
Adami, Katrin
Beucker, Nico
Dellen, Frank
Fähnrich, Markus
Gronau, Marcel
Hinzkowski, Ingo
Kahlfuß, Frank
Kahrau, Thorsten
Knoop, Christian
Krüger, Folkert
Küpper, Daniel
Martres, Eduardo
Noster, Meike
Paul, Christof
Röper, Jens
Schmid, Dietmar
Steber, Harald
Valentinitsch, Tino
Wallbaum, Reiner
Wasserhess, Barbara
Zeisel, Michael

1993
Aykuer, Erman
From Rassmussen, Ulla
Gerstmann, Ulrich
Gladow, Joachim
Hofmann, Thomas
Kallmann, Elmar
Klar, Zita
Knothe, Frederik
Kreuz, Sebastian
Lechtenberg, Rolf
Mohneck, Rolf
Naujoks, Gösta
Noss, Christian
Raatz, Ivo
Schäfermeier, Sven
Schmölzer, Reinhard
Stocker, Stefan
Strangfeld, Rolf
Vallejo-Siller, Fernando
Yoon, Jong-Young

1994
Ackermann, Thorsten
Chot, Sung Woon
Eckermann, Jochen
Gebauer, Stefan
Godde, Georg
Guyard, Christian
Heck, Martin
Lee, Scorp Shi-Ren
Maninger, Holger
Müller, Nils
Prions, Andreas
Ruta, Marc
Schiller, Sascha
Schmuck, Jan
Schüler, Nicole
Schumann, Volker
Stürmer, Eric
Timmermann, Hans
Uetrecht, Kai
Wehde, Christian
Zengin, Cemal

1995
Brahmaskha, Chonlawut
Brücher, Bodo
Czernik, Andre
Ermert, Steffen
Fengler, Rainer
Fromme, Patrick
Ginzel, Olaf
Heibl, Tobias
Kalweit, Andreas
Laeis, Martin
Lopes Nunes, Marco Paulo
Lösing, Markus
Meyer, Gunnar
Nachlik, Thomas
Pankonin, Andreas
Radtke, Sven
Sandham, Stewart
Schreiber, Andreas
Se Hoon, Jeon
Stauvermann, Jörg
Stolte, Marion
Tölle, Sonja
Wellmann, Katrin
Wispel, Lars
Wonsyld, Anne
Ziegler, Dirk

1996
Behr, Ulrich
Bertzky, Julia
Frohn, Alexander
Heppener, Axel
Hinkfoth, Jörg
Hogrebe, Thilo
Holch, Benjamin
Käding, Matthias
Kruppa, Christoph
Märzke, Thomas
Meister, Gisa
Metz, Florian
Oberhofer, Dirk
Placke, Frank
Reinert, Katinka
Rühseler, Markus
Thormann, Christoph
Töpfer, Meike
Weichert, Holger
Weichert, Sven

1997
Baschka, Thomas
Borns, Thorsten
Cayenz, Holger
Chojnacki, Monika
Chorcagnani, Paolo
Frankenpohl, Thorsten
Frenzel, Andy
Harendza, Andreas
Kastrup, Christian
Lempaszek, Frank
Lienhard, Sebastian
Lingott, Philippe
Nantke, Kirstin
Nowald, Marc-Daniel
Reuter, Peter
Schreiber, Silke
Semmler, Angelika
Sibai, Mutas
Stratmann, Dennis
Traub, Rene
Trebstein, Henry
Walczak, Marc
Wendt, Florian
Wernsmann, Matthias
Wildner, Bernhard
Wingerrath, Jens

1998
Birkhoven, Christine
Bolla, Stefanie
Dees, Claudia
Giesen, Silke
Gröning, Antje
Hahn, Matthias
Herget, Julian
Hoffbauer, Jens
Höflich, Daniel
Hopstein, Dominique
Hühne, Stefan
Kleindienst, Niels
Kraemer, Oliver
Liu, Long
Müller, Thomas
Nissen, Cornelius
Palawiks, Thomas
Rittweger, Stefan
Schust, Axel
Schwiertz, Andreas
Stolpe, Alexander
Stuke, Oliver
Thienhaus, Astrid
Wang, Wei Dong
Wilden, Wotan

Auszeichnungen
Awards

1966
Vom International Council of Societies of Industrial Design (ICSID) für die Sonderausstellung der 17 besten Designschulen der Welt auf der EXPO '67 in Montreal ausgewählt:
Treppengängiger Kinderwagen; Mahler, Seliger, Peschel

1967
Das Auto von morgen Internationaler Automobilwettbewerb der Firma Ford
3. Preis: Entwicklung eines Stadtwagens; Reiner Schindhelm, Helge Höing, Alfred Kilian
4. Preis: Entwicklung eines Armaturenbretts für Reisewagen; Hartwig Kahlke, Werner Krüger, Florian Seiffert
5. Preis: Entwicklung eines Armaturenbretts für Stadtwagen; Jürgen Junginger, Wolfgang Röver, Dietmar Wohlmeiner
3 Anerkennungspreise für Reisewagen, Stadtwagen, Sicherheitssitz
(s. Seite 25)

1968
Braun-Preis
16 mm Filmkamera; Florian Seiffert
(s. Seite 68)

1972
Braun-Preis
System für Straßenabfallbeseitigung; Lothar Brentgens, Ludwig Littmann, Wolfgang Rebentisch, Peter Schneider
(s. Seite 27)
Anerkennung:
Medizinischer Untersuchungsstuhl; Helge Höing
Anerkennung:
Kamera-Projektor-System; Peter Schneider

1974
Braun-Preis
Anerkennung:
Rollstuhl; Jürgen Frey

1975
Bundespreis Gute Form
Handbohrmaschine; Rolf Strohmeyer

1977
Braun-Preis
Kehrsaugmaschine; Christoph Hoesch
Anerkennung: **Holzbearbeitungsmaschine; Rolf Strohmeyer**
(s. Seite 72)

1979
Cycolac ABS Preis
1. Preis: Fahrgastsitz für Nahverkehrs-Reisewagen; Manfred Makedonski

1980
Braun-Preis
Mobiles Kaltlichtbeleuchtungssystem; Uwe Kemker, Volker Zölch
Anerkennung:
Bügelarbeitsplatz; Rainer Schmitz, Dietmar Walta
Anerkennung:
Metallspektroskop; Volker Hammerschmidt

1981
Internationaler Skischuh-Wettbewerb der Firma Dachstein, Wien
1. Preis: Skischuh; Thomas Gerlach

Brillengestell-Wettbewerb der Firma Optil, Wien
1. Preis: Brillengestell; Dietrich Biermann
4. Preis: Brillengestell; Thomas Gerlach

Dunlopillo Design Award
Schreibgerät; Thomas Gerlach

1982
Bundespreis Gute Form
Wohnraumleuchte; Thomas Gerlach

Office of the Future der Firma General Electric Plastics
2. Preis: Schulcomputersystem; Volker Zölch
Anerkennung:
Datenverarbeitungs- und Bürosystem für Krankenhäuser; Brigitte Läpper-Röhricht

Bob-Gutmann-Förderpreis für junge Designer, Haus Industrieform, Essen
1. Preis: Schulcomputersystem; Volker Zölch
2. Preis: Skischuh; Thomas Gerlach
2. Preis: Reifendruckprüfgerät; André Kunzendorff

VDID Preis
Behindertengerechtes Design
Anerkennung:
Wascheinheit für Krankenbett; Ludwig Hogrebe

1983
Cycolac ABS Telectronics Design Internationaler Wettbewerb der Firma Borg-Warner Chemicals
2. Preis: Videosystem; Joachim Kohl

ICSID/Philips Design-Award
Anerkennung:
Industrienähmaschine; Dietmar Walta

Braun-Preis
Anerkennung:
Schulcomputersystem; Volker Zölch
Anerkennung:
CAD-Arbeitsplatz; Uwe Kemker
Anerkennung:
Säuglingswaage; Norbert Linne v. Berg

1984
Bob-Gutmann-Förderpreis für junge Designer, Haus Industrieform, Essen
1. Preis: Dia-Projektor Kompressionsmesser; Peter Weber
Anerkennung:
Etikettiermaschine; Brigitte Läpper-Röhricht

Bundespreis Gute Form
Skischuh; Thomas Gerlach

1986
Uhr und Mode Design-Wettbewerb der Deutschen Uhrenindustrie, Stuttgart
Anerkennung (Ankauf): Armbanduhr; Brigitte Läpper-Röhricht

Erkundungen Internationaler Design-Wettbewerb, Stuttgart
Anerkennung: Walkman; Dieter Pechmann

Design-Plus Internationaler Design-Wettbewerb, Messe Frankfurt
1. Preis: Briefwaage; Christoph Blank

Italia's Cup (Money Bankautomaten, elektronisches Geld) Ideen-Wettbewerb, Mailand
10 Studenten: Cornelius Boerner, Thomas Kennel, Barbara Lueg, Gerd Masanetz, Manfred Nitsch, Dieter Pechmann, Jutta Preisler, Stefan Pütz, Martin Sach, Michael Sommer, Marcus Wild

Braun-Preis
Auswahl von 6 Produkten unter den 30 besten aus 317 Einsendungen: Drucklufthammer; Manfred Nitsch Schutzhelm; José Martin-Iniesta Etikettierer; Brigitte Läpper-Röhricht Ultraschallvernebler; Norbert Linne von Berg Staubsauger; Jan-Peter Ortwig Fernsehgerät; Thomas Kennel, Randolf Schürmann, Marcus Wild

1987
Bob-Gutmann-Förderpreis für junge Designer, Haus Industrieform, Essen
2. Preis: Minibogenschreibmaschine; Stefanie Radtke

Formholzmöbel Nationaler Design-Wettbewerb der Firma Becker KG, Höxter
Anerkennung: Stehpult; Ludwig Corr, Ingolf Straub

1988

frogjunior-Preis
Internationaler Design-Wettbewerb, Altensteig
1. Preis:
Digital Color Copierer;
Ralf Jakubowski,
Frank Schäfer,
Marc Schmitt
(s. Seite 47)
2. Preis:
Schreib- und Lesepult;
Christoph Runge
3. Preis:
Französisches Billard;
Albrecht Bialas

Marlboro
Design-Förderpreis
Internationaler Design-Wettbewerb, Frankfurt
Auszeichnung:
Haartrockner;
Michael Sommer,
Marcus Wild
Auszeichnung:
Mobiles Autoradio;
Michael Lammel

Nationaler
Design-Wettbewerb,
Design-Center Stuttgart
1. Preis:
Digital Color Copierer;
Ralf Jakubowski,
Frank Schäfer,
Marc Schmitt
(s. Seite 47)

Preis der Uni Essen
für ausgezeichnete
Diplomarbeiten
Wiederbelebungs-
einheit für Neugeborene;
José Martin-Iniesta

Swing-Lifestyle-Wettbewerb
2. Preis: Kaffeekanne;
Manfred Nitsch
Anerkennung:
Kaffeegerät;
Cornelius Boerner

Glunz-Preis, Münster
Anerkennung:
Untertisch-Container;
Yorgo Liebsch

Goldpfeil-Preis,
Offenbach
Anerkennung:
Ledertasche;
Yorgo Liebsch

1989

Marlboro
Design-Wettbewerb
2. Preis: Motorbe-
triebenes Aufseilgerät;
Immanuel Chi

Design-Plus Wettbewerb,
Frankfurt
2. Preis: Parfumflakon;
Michael Lammel
Anerkennung: Haarfön;
Oliver Zimmermann
Anerkennung:
Taschenwaage;
Paul Kowalczyk,
Bernd Rosenthal

Mueblo
Internationaler Industrial
Design-Wettbewerb für
Möbel, Ljubljana
2. Preis:
Badezimmer-Einrichtung;
Stefanie Radtke

General Electric Plastics
Europe, Internationaler
Design-Hochschulpreis
1. Preis: Kletterwand;
Stefan Ambrozus,
Susanne Brudsche
(s. Seite 48)

IF Die Gute Industrieform,
Hannover
Anerkennung (Aufnah-
me in die Ausstellung):
Kunstkopf-Meßsystem;
Stefan Ambrozus,
Michael Hosenfeld,
Volker Knauff

Staatspreis NRW für
Design und Innovation
Ehrenpreis für
Industrie-Produkte:
Kunstkopf-Meßsystem;
Stefan Ambrozus,
Michael Hosenfeld,
Volker Knauff

Küche 2000, die intelligente Rohstoffquelle, Köln
2. Preis: Abfallbehälter;
Andreas Nolte

Braun-Preis
3. Preis: Personen-
Wiegesystem für den
medizinischen Bereich;
Ralf Jakubowski,
Frank Schäfer

1990

Duschulux-Designer-
Profil, Schliersheim
1. Preis:
'Das Familienbad';
Knut Braake

Marlboro-Designer-
Förderpreis
Besonderer Förderpreis:
Leuchte;
Christian Marx,
Christian Smarslik
5. Preis Förderpreis:
Eierpiekser;
Michael Lammel

Design-Plus Wettbewerb,
Frankfurt
1. Preis: Picknick-Case;
Immanuel Chi,
Ralf Kondermann
Anerkennung:
Index-Card und Display-
System;
Andreas Schulze,
Ingolf Straub
Anerkennung: Zirkel;
Horst Müller

Iridon
Internationaler Gestaltungswettbewerb der
Firma Merck, Darmstadt
1. Preis:
Parfumverpackung;
Ingmar Hendrix

Sony Design Vision
Internationaler Wettbewerb
Anerkennung:
Tokio Telefon;
Dirk Zimmermann

Design-Plus Wettbewerb,
Frankfurt
Anerkennung:
Stangenzirkel;
Horst Müller

Mia-Seeger-Preis und
Ausstellung der 13 besten
Entwürfe
Anerkennung:
Fitness-Wandsystem;
Susanne Brudsche,
Stefan Ambrozus
(s. Seite 48)
Anerkennung:
Hubschrauber-Helm;
Andreas Henrich
Anerkennung:
Index-Card und
Display-System;
Andreas Schulze,
Ingolf Straub

Bayerischer Staatspreis,
Nürnberg
1. Preis: Kabine eines
Portalstaplers für den
Container-Umschlag;
Ludwig Corr

Glunz Preis der
Firma Glunz AG, Hamm
3. Preis: Raumteiler
'Unendlich';
Kina Behrens
Anerkennung:
Unendliche Schleife
in MDF;
Christoph Blank,
Oliver Zimmermann

1991

Design-Plus Wettbewerb,
Messe Frankfurt
1. Preis: Picknick-
Korb-Ausstattung;
Immanuel Chi,
Ralf Kondermann

Energie Sparleuchte
der Stadt Bremen
1. Preis: Stefan Grobe
1. Preis: Jörg Ibach
2. Preis: Volker Knauff
3. Preis: Stefan Kemena
Besondere Anerkennung:
Dirk Zimmermann
Besondere Anerkennung:
Udo Dörich

Design-Arena-Leuchten,
Hannover
Anerkennung:
Stefan Grobe,
Jörg Ibach,
Cambiz Seyed-Asgari

MAHO
Werkzeugmaschinen
Anerkennung:
Laserbearbeitungs-
zentrum
Ralph Jakubowski,
Frank Schäfer
(s. Seite 61)
Anerkennung:
Ekkehard Brüll,
Stefan Schwingen

General Electric Plastics
Europe
1. Preis: Dachpfanne;
Udo Dörich, Jörg Ibach
(s. Seite 48)

Firestone Autofelgen
1. Preis: Jochen Allard
2. Preis: Immanuel Chi,
Oliver Stotz

Goldstar
Internationaler Wettbewerb
2. Preis: Fernseher;
Dirk Zimmermann,
Stefan Grobe

Sony
Internationaler Wettbewerb
Anerkennung:
Kompaktanlage;
Bernd Hellenkamp,
Martin Middelhauve

VITAL Recyclingcontainer-Wettbewerb
1. Preis:
Werkstoffcontainer;
Paul Kowalczyk

Otto-Rececycling-
Wettbewerb
**2. Preis: Scheckkarte;
Dirk Zimmermann,
Stefan Grobe
2. Preis: Schrank;
Norbert Geelen
3. Preis: Sitzmöbel;
Antonia Brandt,
Ute Kranz**

Alpine-Ladeneinrichtungen
**1. Preis:
Dirk Zimmermann,
Christian Marx
2. Preis: Udo Dörich,
Jörg Ibach
3. Preis: Marc Paulin**

Design-Innovation,
Design Zentrum NRW,
Essen
**Auszeichnung für hohe
Designqualität:
Stuhl 'Maya';
Udo Dörich, Jörg Ibach**

Telekom-
Telefonkarten-Wettbewerb
**Sonderpreis:
Telefonkarte;
Dirk Zimmermann,
Stefan Grobe**

1992
Design Innovation,
Design Zentrum NRW,
Essen
**Auszeichnung für
höchste Designqualität:
Modulares
Blindengerätesystem;
Udo Dörich, Jörg Ibach,
Christian Marx
(s. Seite 52)**

Braun-Preis
**Anerkennung:
Schwimmpontons;
Immanuel Chi,
Oliver Stotz**

Mia-Seeger-Preis
**Schwimmpontons;
Immanuel Chi,
Oliver Stotz
Anerkennung: Hocker;
Oliver Stotz**

Thale Email-Preis
**1. Preis:
Durchlauferhitzer;
Michael Göke
2. Preis: Robert Kilders,
Bertrand Illert
3. Preis: Carsten Pleuger,
Tobias Schmidt,
Peter-Johann Kroehl
Anerkennung:
Cord-Hinrich Grote,
Lutz Sauvant
Anerkennung:
Christian Marx,
Dirk Zimmermann
Anerkennung:
André Hanisch,
Andreas Jüttenberg**

Moulinex Deutschland
**3. Preis: Dunstfilter;
Guido Keffel
Anerkennung:
Personenwaage;
Claus Eifler**

Orgatec, Köln
EIMU, Mailand
**1. Preis:
Konferenzmöbel;
Knut Braake,
Ralf Kondermann**

Braun-Preis
**Anerkennung: 'Sonnen-
ziegel' Kollektorsystem;
Udo Dörich, Jörg Ibach
(s. Seite 48)
Auswahl: Laser-
Werkzeugmaschine;
Ralf Jakubowski,
Frank Schäfer
(s. Seite 61)**

Moulinex
Internationaler Wettbewerb
**1. Preis: Dunstfilter;
Guido Keffel**

Sony/Audio
Nationaler Wettbewerb
**1. Preis: Stereoanlage;
Dirk Zimmermann
3. Preis: Stereoanlage
auf Schienensystem;
Christian Marx,
Martin Pollandt**

Sparkassenpreis
**Mobiler Inkubator;
Stefanie Radke
(s. Seite 72)**

1993
Innovations-Preis Ver-
packung, Duales System
Deutschland GmbH, Bonn
**1. Preis:
Bernhard Geisen,
Michael Lengner,
Horst Müller**

Car-HiFi Wettbewerb
der Firma Blaupunkt
**1. Preis:
Susanne Merzkirch,
Christoph Runge
2. Preis: Udo Dörich,
Jörg Ibach
3. Preis: Stefan Grobe,
Dirk Zimmermann**

Designpreis Neunkirchen
**3. Preis: Verformbarer
Tisch; Gambiz Seyed
Asgari**

Mia-Seeger-Preis
**1. Preis: OP-Maske;
Bernhard Geisen**

Design Arena
**Auszeichnung:
Bad-Armatur;
Matthias Krappmann**

Wiener Börse-Preis
**Pokal, Bleikristall/Alu;
Bertrand Illert**

Büro-Abfall-
Entsorgungssystem
Oecollect Redukon, Witten
**1. Preis: Udo Dörich,
Jörg Ibach
2. Preis:
Susanne Merzkirch,
Christoph Runge
3. Preis: Stefan Grobe,
Dirk Zimmermann**

UVF-Wettbewerb
**3. Preis: Abfalltrennbox;
Helge Fedderke**

Sonderauszeichnung
NESTE für Umwelt-
freundlichkeit,
Forma Finlandia Preise
**'Sonnenziegel'
Kollektorsystem;
Udo Dörich, Jörg Ibach
(s. Seite 48)**

Design-Wettbewerb
Kanten als Gestaltungselemente
2. Preis: 'Systemprofil';
Norbert Geelen,
Frank Münter
3. Preis: 'eck'stent';
Ralph Kräuter,
Ingo Neuburg
3. Preis: 'D. Fries';
Ralph Kondermann
Anerkennung:
'Metallschienen';
Dirk Zimmermann,
Christian Eichler
Anerkennung:
'Stromschienen';
Sven Schaarschmidt,
Gordon Wagener
Anerkennung:
'Funktionsleiste';
Ralph Kondermann

Staatspreis NRW
Frühwarnsystem für
Gleisarbeiter;
Immanuel Chi,
Bernhard Geisen

1994
Rastal Glasdesign
3. Preis: André Wilps

Prix St. Dupont Comité
Colbert
1. Preis: Armbanduhr;
Christof Paul,
Michael Zeisel

Ceran-Kochfeld
der Firma Schott
1. Preis: Helge Fedderke
1. Preis: Ingo Neuburg
2. Preis: Katrin Adami
2. Preis: Helge Fedderke
Ankäufe: **Katrin Adami,**
Gösta Naujoks,
Stefan Stocker,
Erman Aykurt,
Frederik Knothe,
Sven Schäfermeier,
Ulrich Gerstmann,
Helge Fedderke

IF Hannover
'Eclipse' seismografi-
sche Meßeinheit;
Susanne Merzkirch,
Christoph Runge
(s. Seite 54)

Design Innovation,
Design Zentrum NRW,
Essen
Roter Punkt:
'Eclipse' seismografi-
sche Meßeinheit;
Susanne Merzkirch,
Christoph Runge
(s. Seite 54)

Schöller Designwettbewerb
1. Preis: 'Icehenge';
Ralph Kondermann

1995
Sparkassenpreis
der Stadt Essen
Anerkennung:
Barrierefreie Küche;
Stefanie Esser,
Susanne Merzkirch

Design Innovation,
Design Zentrum NRW,
Essen
Roter Punkt: 'Trelock'
Fahrradschloß;
Udo Dörich, Jörg Ibach

Designpreis Neunkirchen
1. Preis:
Rollstuhlstudie 'Agil';
Christian Labonte

Hettich Komfort Wohnen
1. Preis:
Eduardo Martres
2. Preis:
Thomas Grünewald
3. Preis: Jae-Ho Moon

Haus Aussel Beschläge
1. Preis:
Thomas Grünewald
2. Preis: Jae-Ho Moon
2. Preis: Katrin Adami
3. Preis:
Barbara Wasserhess
3. Preis: Chonlawut
Brahmasakha

IF Hannover
'Summit' seismografi-
sche Meßeinheit;
Susanne Merzkirch,
Christoph Runge

Koizumi
Internationaler Licht-Wettbewerb, Osaka
2. Preis: Leuchte;
Christian Guyard

1996
Owens Corning Global
Design Challenge
Internationaler Fahrrad-Wettbewerb
2. Preis: 'SLEEVie';
Barbara Wasserhess,
Thomas Grunewald
Anerkennung:
'The Donkey Rider';
Marcus Frankowsky,
Meike Noster,
Harald Steber,
Tino Valentinitsch
Anerkennung:
'The Mutabike';
Antal Pozman
Anerkennung:
'The Impala';
Frederik Knothe,
Sven Schäfermeier,
Stefan Stocker

Mineralwasserglas
der Zukunft,
Gesellschaft Deutscher
Mineralbrunnen
2. Preis: Katrin Adami,
Michael Zeisel
3. Preis: Frank Schäfer

1997
Sparkassenpreis
der Stadt Essen
1. Preis: Operationssaal;
Torsten Gratzki

Lucky Strike
Junior Designer-Award,
Raymond Loewy-Stiftung
Kanalroboter;
Carsten Thoms
(s. Seite 66)

1998
Design Innovation,
Design Zentrum NRW,
Essen
Roter Punkt:
'E-Trans' Low-Level-
Laser-Heimgerät zur
Behandlung von Akne,
Herpes und Schnupfen;
Wotan Wilden

1999
Up & Down
Aufzug-Wettbewerb der
Firma Thyssen Aufzüge
1. Preis:
Thomas Hofmann
2. Preis: Harald Steber
2. Preis, 3. Preis und
Anerkennung:
Andreas Kalweit,
Andreas Pankonin,
Andreas Schreiber
3. Preis:
Thorsten Ackermann,
Sascha Schiller,
Erik Stürmer
3. Preis:
Marcus Frankowski
Anerkennung:
Katinka Reinert
Sonderpreis:
Volker Schumann,
Kai Uetrecht

FIAT Auto-Wettbewerb
(European Competition
Architecture & Mobility
Socrates Universities)
1. Preis: Bodo Brücher,
Thomas Nachlik
2. Preis: Georg Godde,
Holger Maninger
3. Preis:
Joachim Gladow,
Elmar Kallmann,
Frederik Knothe,
Christian Noss,
Sven Schäfermeister

Hettich Beschläge für
Zerlegmöbel
Designwettbewerb
1. Preis: Meike Noster,
Sascha Schiller,
Volker Schumann,
Harald Steber

Wohnvision 2040
internationaler Wettbewerb,
Schöner Wohnen
2. Preis: Frederik Knothe,
Nils Müller,
Andreas Prions,
Eric Stürmer,
Hans Timmermann,
Christian Weede

Autoren
Authors

Prof. Dr.-Ing. Diethard Bergers, Lehrstuhl für Produktionstechnologie und Produktentwicklung (FB 12), Universität Essen.
Professor Dr.-Ing. Diethard Bergers vertritt seit Oktober 1998 das neue Fachgebiet Produktionstechnologie und Produktentwicklung an der Universität Essen.
Nach einem Physikstudium in Köln promovierte er 1982 an der RWTH Aachen im Fachbereich Maschinenbau. 1985 wechselte er zur Alfried Krupp von Bohlen und Halbach-Stiftung. 1992 übernahm er die Geschäftsführung der zentralen Forschung und Entwicklung des Krupp-Konzerns, 1994 zusätzlich die Leitung des Zentralbereichs Technik in der Konzernleitung, wo er bis zu seinem Wechsel an die Universität als Direktor tätig war.

Prof. Dr.-Ing. Diethard Bergers, Department of Production Technology and Product Development (FB 12), University of Essen.
Since October 1998, Professor Dr.-Ing. Diethard Bergers has represented the new department of Product Technology and Product Development at the University of Essen.
After studying physics in Cologne, he wrote his doctoral thesis in 1982 at the RWTH in Aachen in the Department of Mechanical Engineering. In 1985, he transferred to the Alfred Krupp von Bohlen and Halbach foundation. In 1992 he became director of the central development and research department of the Krupp combine. In 1994 he also assumed here the direction of the central technological department where he remained until he took up his position at this university.

Prof. Dr. Norbert Bolz, Professor für Kommunikationstheorie am Institut für Kunst- und Designwissenschaften (IKUD), Universität Essen.
1953 in Ludwigshafen geboren. Abitur am dortigen Max-Planck-Gymnasium. Studierte in Mannheim, Heidelberg und Berlin Philosophie, Germanistik, Anglistik und Religionswissenschaften.
Doktorarbeit über die Ästhetik Adornos bei dem Religionsphilosophen Jacob Taubes. Habilitation über 'Philosophischen Extremismus zwischen den Weltkriegen'.
Bis zum Tod von Taubes dessen Assistent. Forschungsaufenthalte in Paris, Utrecht und Sao Paulo.
Gastprofessuren in Bochum, Klagenfurt und Bloomington (Indiana).
Seit 1992 Universitätsprofessor für Kommunikationstheorie am Institut für Kunst- und Designwissenschaften der Universität Essen. Arbeitsschwerpunkte: Medien- und Kommunikationstheorie, Designwissenschaft.

Prof. Dr. Norbert Bolz, Department of Communication Theory in the Institute of Art- and Designscience (IKUD), University of Essen.
Professor Bolz was born in Ludwigshafen in 1953 and passed his Abitur examination there at the Max Planck High School. He studied Philosophy, German language and literature, English language and literature and Religious Science in Mannheim, Heidelberg and Berlin.
He wrote his doctoral thesis under Professor Jacob Taubes (Philosophy of Religion), on the aesthetics of Adorno. His professorial thesis dealt with 'Philosophical Radicalism between the World Wars'.
Until the death of Professor Taubes, he was his assistant. Later he carried out research work in Paris, Utrecht and Sao Paulo.
He was guest professor at universities in Bochum, Klagenfurt and Bloomington (Indiana, USA).
Since 1992, he has been professor for Communication Theory at the institute for Art- and Designscience at the University of Essen. He specialises in Media- and Communication-theory and Design Science.

Prof. Hermann Sturm,
Director of the Institute
of Art- and Designscience
(IKUD),
University of Essen.
Professor Sturm was born in Crailsheim (Württemberg in 1936). He studied Art, History of Art, German language and literature and Philosophy in Stuttgart, Berlin and Tübingen.

From 1966 on, he taught in universities in Wuppertal and Braunschweig. Since 1972, he has been Professor for Art- and Designpedagogy at the University of Essen.

He has published widely in aesthetic theory and practice: 'Der verzeichnete Prometheus. Kunst, Design, Technik Zeichen verändern die Wirklichkeit' (ed. Berlin, 1968); 'Verzeichungen. Vom Handgreiflichen zum Zeichen' (ed. Essen, 1989); 'Design Schnittpunkt Essen' (co-ed. with S. Lengyel, Berlin, 1990); 'Pandora's Box: Design. Zu einer Ikonografie der Gestaltung des Nützlichen', in: Kunstform (Volume 130, 1995); 'Der Ästhetische Augenblick' (München, 1997); 'Geste und Gewissen im Design' (Cologne, 1998);

Conception and realisation of exhibitions.

His special area of studies is the history and theory of design.

Prof. Dr. Peter Zec
Born 1956, studied media sciences, psychology and aesthetics. Since 1991 is he managerial executive board of the international well-known Design Center NRW. 1993 appointed as professor for economy communication at the college for technique and economy in Berlin. From 1986 to 1988 he got significantly involved as head of the discipline picture in the planning of the Center for Art and Media Technology in Karlsruhe (ZKM).

Before his activity in the Design Center NRW, Peter Zec worked as manager of the Association of German Graphic Designer (BDG) and the Association of German Industrial Designer (VDID). For more than fifteen years Peter Zec is working as a consultant in communication and design for numerous national and international enterprises.

He is an excellent connoisseur of the German and international design scene, as well as the author and editor of numerous publications. In 1988 his book 'Informationsdesign – Die organisierte Kommunikation' was published. After 'German Design Standards', 'Mit Design auf Erfolgskurs' was published in fall 1998 in the publishing house DuMont.

Prof. Hermann Sturm,
Leiter des Instituts für Kunst und Designwissenschaften (IKUD), Universität Essen.
Geboren 1936 in Crailsheim (Württemberg). Studium der Kunst, Kunstgeschichte, Germanistik und Philosophie in Stuttgart, Berlin und Tübingen.

Ab 1966 Lehrtätigkeit an Hochschulen in Wuppertal und Braunschweig. Seit 1972 Professor für Kunst- und Designpädagogik an der Universität Essen.

Zahlreiche Publikationen zur Ästhetischen Theorie und Praxis, u.a. 'Der verzeichnete Prometheus. Kunst, Design, Technik. Zeichen verändern die Wirklichkeit.' (ed.) Berlin 1968; 'Verzeichungen. Vom Handgreiflichen zum Zeichen' (ed.) Essen 1989; 'Design Schnittpunkt Essen' (ed. mit S. Lengyel), Berlin 1990; 'Pandoras Box: Design. Zu einer Ikonografie der Gestaltung des Nützlichen', in: Kunstforum, Bd. 130, 1995; ' Der Ästhetische Augenblick', München 1997; 'Geste & Gewissen im Design', Köln 1998.

Konzeption und Realisation von Ausstellungen.

Hauptarbeitsgebiet: Geschichte und Theorie der Gestaltung.

Prof. Dr. Peter Zec
Geboren 1956, studierte Medienwissenschaft, Psychologie und Kunstwissenschaft. Seit 1991 ist er geschäftsführender Vorstand des international renommierten Design Zentrums NRW.

1993 wurde er zum Professor für Wirtschaftskommunikation an die Fachhochschule für Technik und Wirtschaft Berlin berufen. Von 1986 bis 1988 war er als Leiter des Fachbereichs Bild maßgeblich an der Planung des in Karlsruhe entstandenen Zentrums für Kunst und Medientechnologie (ZKM) beteiligt.

Vor seiner Tätigkeit beim Design Zentrum NRW arbeitete Peter Zec als Geschäftsführer des Bundes Deutscher Graphik-Designer (BDG) und des Verbandes Deutscher Industrie-Designer (VDID). Seit über fünfzehn Jahren ist Peter Zec als Kommunikations- und Designberater zahlreicher in- und ausländischer Unternehmen tätig.

Er ist exzellenter Kenner der deutschen und internationalen Designszene sowie der Autor und Herausgeber zahlreicher Publikationen. 1988 kam sein Buch 'Informationsdesign – Die organisierte Kommunikation' heraus. Nach 'German Design Standards' erschien im Herbst 1998 'Mit Design auf Erfolgskurs' im DuMont Verlag.

Prof. Dr.-Ing. Ralph Bruder,
Ergonomie im Studiengang Industrial Design,
Universität Essen.
(s. Seite 146)

Prof. Stefan Lengyel,
Professor im Studiengang Industrial Design,
Universität Essen.
(s. Seite 152)

Susanne Merzkirch,
wissenschaftliche Mitarbeiterin der Universität Essen im Studiengang Industrial Design bei Prof. Stefan Lengyel, mit dem Forschungsschwerpunkt der Okulometrie.
(s. Seite 160)

Literaturempfehlungen für das 1. Semester
Recommended Literature for the 1st Semester

Aicher, Otl
Die Welt als Entwurf 1991

Bürdek, Bernhard E.
Design: Geschichte, Theorie und Praxis der Produktgestaltung
1994

Bürdek, Bernhard E.
Design-Theorie: Methodische und systematische Verfahren im Industrial Design
1971

Busse, Rido
Was kostet Design?
1998

Flusser, Vilem
Vom Stand der Dinge: Eine kleine Philosophie des Designs
1993

Petroski, Henry
Messer, Gabel, Reissverschluss: Die Evolution der Gebrauchsgegenstaende
1994

Seeger, Hartmut
Design technischer Produkte
1992

Selle, Gert
Geschichte des Design in Deutschland
1994

Burchartz, M.
Schule des Schauens
1959

Gibson, James Jerome
Die Sinne und der Prozeß der Wahrnehmung
1973

Gros, Jochen
Grundlagen einer Theorie der Produktsprache

Itten, Johannes
Kunst der Farbe
1983

Kleint, B.
Bildlehre
1980

Mangels, J.
Form als Erfahrung
1971

Metzger, Wolfgang
Gesetze des Sehens
1975

Moles, A.
Informationstheorie und ästhetische Wahrnehmung
1971

Pawlik, Johannes
Theorie der Farbe 1
973

Pipes, Alan
Zeichnen für Designer
1990

Schricker, R.
Darstellungsmethodik
1988

Viebahn, Ulrich
Technisches Freihandzeichnen
1996

Bullinger, H. J.
Ergonomie
1994

Burandt, U.
Ergonomie für Design und Entwicklung
1978

Luczak, H.
Arbeitswissenschaft
2. Auflage, 1998

Luczak, Holger (Hrsg.)
Handbuch Arbeitswissenschaft
1997

Schmidtke, Heinz (Hrsg.)
Ergonomie
3. Auflage, 1993

Design-Innovationen-Jahrbuch
(Design Zentrum NRW)

Designauswahl
(Design Center Stuttgart)

IF-Jahrbuch/Industrie Forum Design (Cebit und Messe Hannover)

Design-Jahrbuch/Md (Zeitschrift Möbel Design)

Licht ist Form.
Licht formt Gestalt.
Licht gestaltet Leben.
Licht belebt Architektur.

WILA Leuchten GmbH
Fax: 02371/823200
E-Mail: wila@wila.de
Internet: www.wila.de

WILA

licht ist form

Unser Dorf soll schöner werden.

Dafür sorgt das unverwechselbare Design des New Beetle. Unverwechselbar ist auch seine umfangreiche Serienausstattung: höheneinstellbare Vordersitze mit Einstiegshilfe „Easy-Entry", Radio „gamma", 205er Breitreifen, ABS, ESP und vieles mehr. Jetzt bei Ihrem Volkswagen Partner und im Internet: www.volkswagen.de

Der New Beetle.

Abb. zeigt New Beetle mit Sonderausstattung.

oventrop

Design Collection

Exklusive Heizkörperarmaturen / Exclusive radiator valves
NRW 1991, Hannover 1992, Berlin 1992, Essen 1992, Prag 1992

„Hydrocontrol" Strangregulierventil /
Double regulating valve "Hydrocontrol"
Japan 1998, Stuttgart 1998,
Hannover 1999

„Hydromat Q" Durchflußregler /
Flow regulator "Hydromat Q"
Prag 1996, Hannover 1997,
Paris 1997, Schweiz 1997

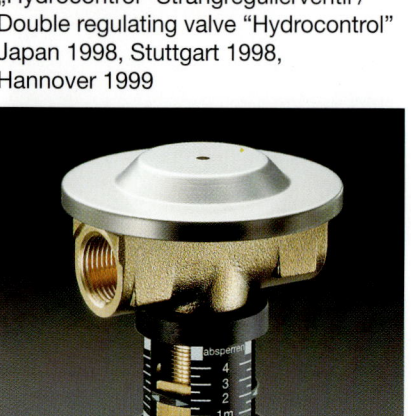

„Oilstop V" Membran-Antiheberventil /
Diaphragm antisiphon valve "Oilstop V"
Ecology Design Award-TOP 3 1999
Schleswig-Holstein 1999

„Aquanova Compact" Wasserfilter /
Water filter "Aquanova Compact"
Frankfurt 1995

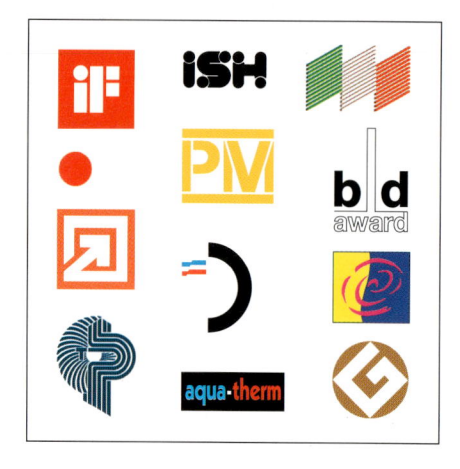

Die F. W. Oventrop GmbH & Co. KG ist eine der führenden Hersteller von Armaturen, Reglern und Systemen für die Haustechnik.
Gutes Design der Produkte hat für Oventrop eine hohe Bedeutung.
Die Produkte werden in der eigenen Entwicklungsabteilung, insbesondere in Zusammenarbeit mit dem Industriedesigner Prof. Ulrich Hirsch, Design & Identität, entworfen.
Oventrop Armaturen haben viele nationale und internationale Auszeichnungen erhalten.
Einige Beispiele sind hier aufgeführt.

F. W. Oventrop GmbH & Co. KG is one of the leading European manufacturers of valves, controls, regulators and systems for the Building Services Industry.
The good design of their products is of great importance for Oventrop.
Products are designed in their own development department especially in cooperation with the industrial designer Prof. Ulrich Hirsch, Design & Identität.
Oventrop products have been given a lot of national and international awards.
Some examples are illustrated here.

F. W. OVENTROP GmbH & Co. KG
Paul-Oventrop-Straße 1
D-59939 Olsberg

ANKER

ADS ANKER GmbH
Am Stadtholz 39 . 33609 Bielefeld

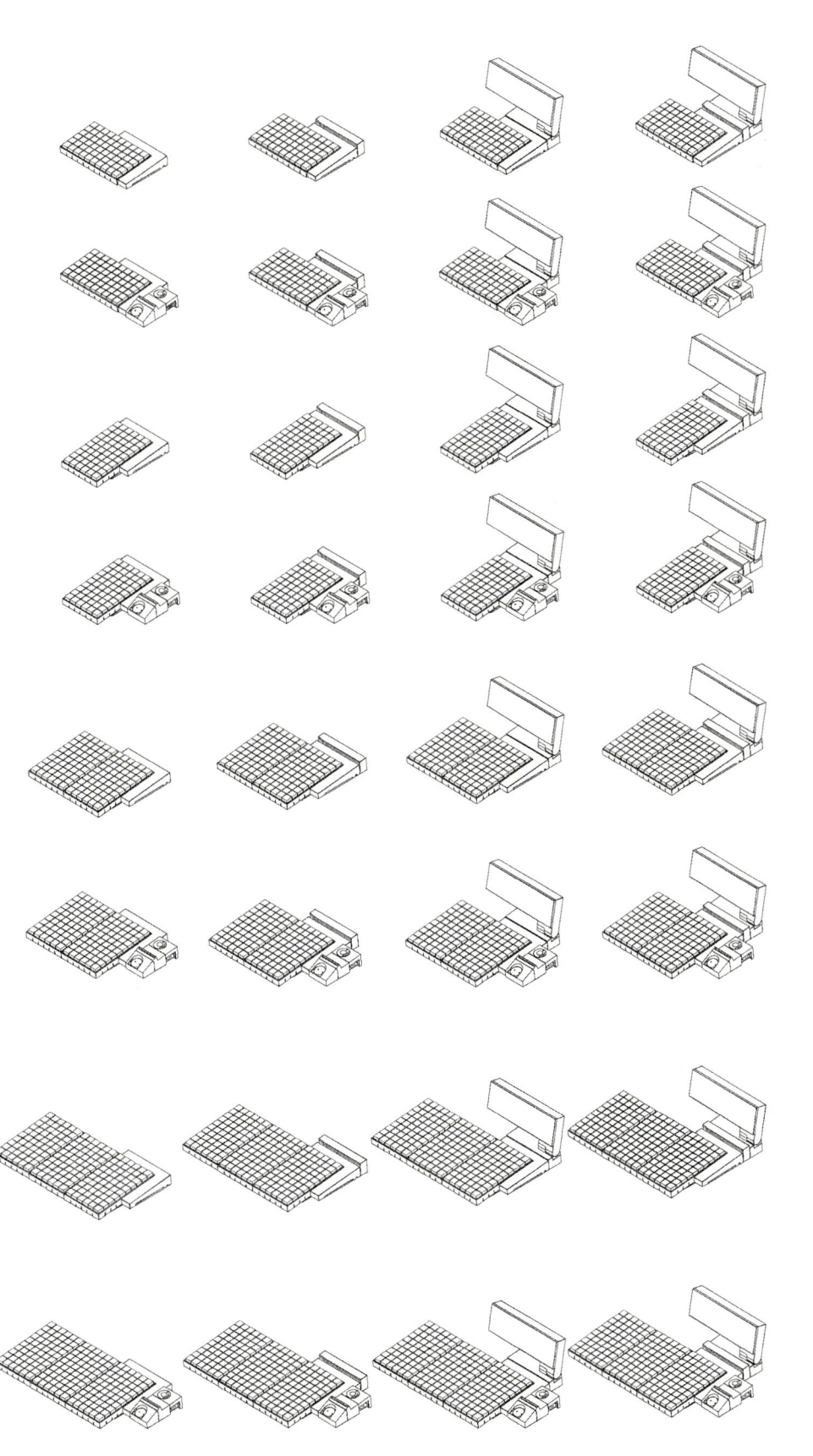

topline **Kassenterminal**

Nur ein Baukastensystem kann unterschiedlichen Anwenderanforderungen flexibel begegnen.

Das Design der neuen ADS ANKER-Generation ist konsequent modular und zeigt dies:
Geometrische und sehr flache Tastenblöcke, vertikal wie horizontal einsetzbar, mit einer sinnvollen Belegung von 60-180 Tasten, diese wiederum wahlweise in hellgrauer oder anthrazit-farbener Ausführung.
Optional erweiterungsfähig und in ergonomischer Anordnung anzudocken: Magnet- und/oder Chipkarteneinheit, Funktionsschloß, Kellnerschloß, sowie Anzeigen für den Bediener und die Kunden.

Das Ergebnis ist ein übersichtliches und zugleich zurückhaltendes Erscheinungsbild, auf der Basis minimalisierter Funktionsblöcke.

Besonderer Wert wurde darauf gelegt, daß die unterschiedlichen Figurationen des Kassensystems immer einen ganzheitlichen Eindruck hinterlassen, der selbstverständlich, aber keineswegs langweilig wirkt.

topline POS terminal

Only a modular system offers the flexibility it needs to meet different user requirements.

The design of the new ADS ANKER generation is consequently modular which is reflected by the following:
Gemetrical and very flat key blocks that can be placed either vertically or horizontally, allowing for reasonable assignment of 60 to 180 keys, which are available either in light grey or in anthracite.
Optional extensions which can be docked in an ergonomic arrangement:
Magnetic card and/or smart card reader, function lock, waiter lock, and displays for the operator and the customer.

The result is a lucid yet discreet arrangement based on minimised functional blocks.

Particular attention has been drawn to the fact that the POS system always leaves an impression of completeness, that it looks as it should do though never dull, whatever the individual configuration of the system may be.

Prof. Ulrich Hirsch

Beispiele / *Configurations*

1998

Design & Identität

Hoehne Habann Elser,

Life inspires.

Ort//Raum. Zustand//Bewegung.
Nutzer = Regisseur: Seminar wird Workshop wird Konferenz
wird Vortrag wird informelles Teamgespräch.
Fließend. Interaktiv. (Konferenz-Möbel bekommen Flügel.)

no limits//Stühle. Objekttische. Flipcharts. Pinnwand. Personal Desk. Server. Garderobe//kombinierbar, stapelbar, verkettbar//und: beweglich//www.spontan sein, Prospekt anfordern.de.

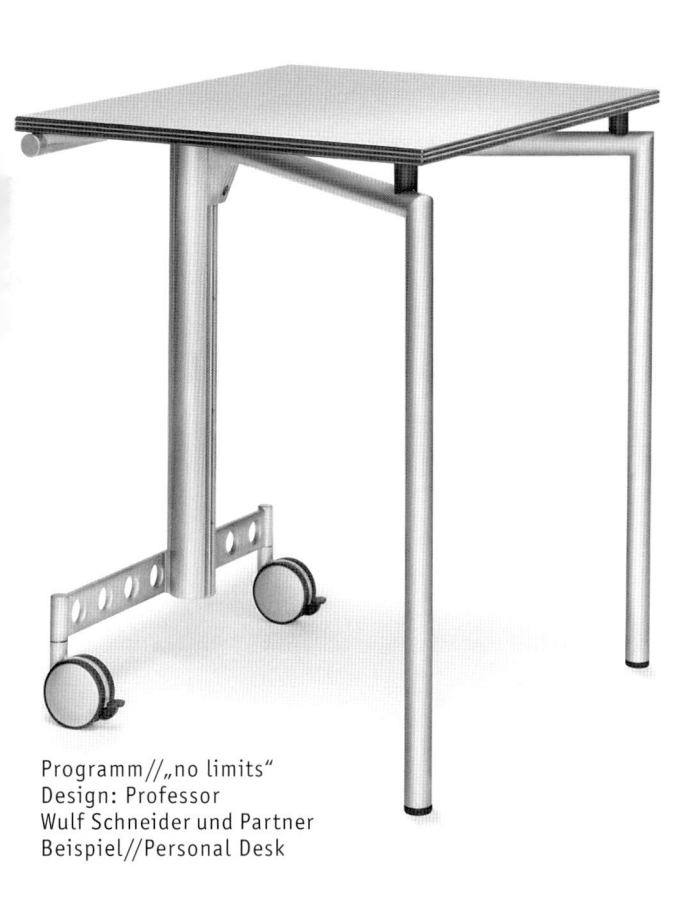

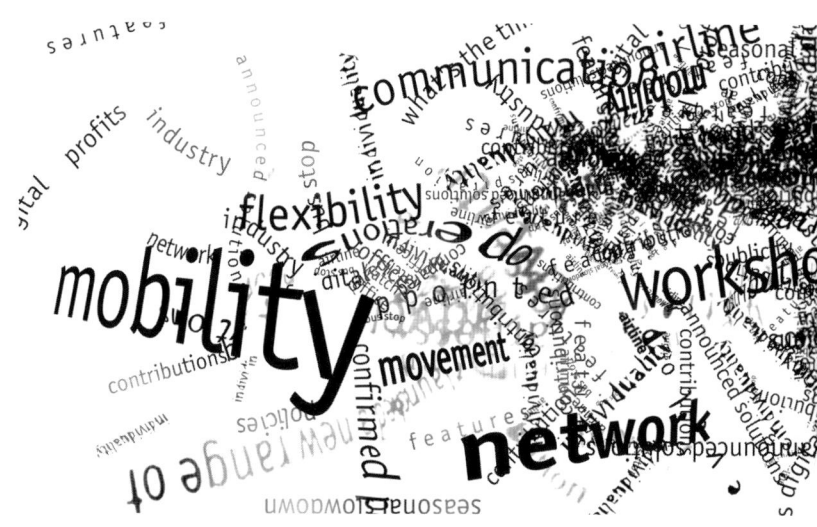

Programm//„no limits"
Design: Professor
Wulf Schneider und Partner
Beispiel//Personal Desk

Sedus Stoll Aktiengesellschaft
Brückenstraße 15//D-79761 Waldshut
Info-Tel. (0 77 51) 84-2 40//www.sedus.com

sedus

Wilkhahn goes EXPO 2000

„Mensch, Natur, Technik" ist das Leitmotiv der ersten Weltausstellung, die in Deutschland stattfindet. Wenn die EXPO 2000 am 1. Juni nächsten Jahres in Hannover ihre Pforten öffnet, bieten nicht nur über 180 Nationen ein weltweites Panorama unterschiedlicher Kulturen, sondern es werden Visionen und Ausblicke auf die Themenkreise vermittelt, mit denen sich die Menschheit in Zukunft verstärkt auseinandersetzen muß. Im Vordergrund stehen dabei die komplexen und vielfältigen Wechselwirkungen zwischen menschlichen Bedürfnissen, Umweltfragen und technologischen Fortschritten.
Das Motto der EXPO 2000 in Hannover könnte auch als Überschrift für die Wilkhahn-Unternehmenskultur stehen. Partnerschaftliche Zusammenarbeit in kooperativen Arbeitsformen, die Ausrichtung an einem ganzheitlichen Verständnis von ökologischer Verantwortung und das Streben nach innovativen Produkten und Produktionsverfahren haben das Unternehmen aus dem Deister-Süntel-Tal als einen der international führenden Hersteller für Büro-Einrichtungen positioniert.

Deshalb haben sich im Vorfeld der EXPO 2000 mit dem Deutschen Gewerkschaftsbund (DGB), mit der Allgemeinen Ortskrankenkasse Niedersachsen (AOK), mit dem Institut für Arbeits- und Sozialhygiene (IAS) und mit der Deutschen Arbeitsschutz Ausstellung (DASA) Partner gefunden, die gemeinsam mit Wilkhahn das EXPO 2000-Projekt „Zukunft der Arbeit im Spannungsfeld von Mensch, Natur, Technik und Markt" realisieren. Am Beispiel von Wilkhahn wird aufgezeigt, wie sich Beteiligungsmodelle, neue Arbeitsformen, Gesundheitsvorsorge, ökologische Veränderungsprozesse und innovative Produkt- und Konzeptentwicklung mit den Anforderungen des Marktes zu einer zukunftsfähigen Synthese verknüpfen lassen.

Das gemeinsame EXPO-Projekt umfaßt
- betriebliche Veränderungsprozesse mit neuen Arbeitsformen, Cost-Center-Organisation, flexiblen Arbeitszeiten und Prämienlohnsystem
- den Gesundheitsschutz mit dem Ziel, Krankenstände zu verringern und Mitarbeiterzufriedenheit zu erhöhen
- die materielle und immaterielle Beteiligung der Mitarbeiter an den Unternehmensprozessen, um Engagement und Qualitätsicherung zu erhöhen
- die Forschungsarbeiten für innovative Materialentwicklungen mit dem Schwerpunkt Ressourcenschonung und weitere ökologische Verbesserungen, die den gesamten Lebensweg der Produkte umfassen von der Rohstoffgewinnung über Produktionsprozesse, Auslieferungskonzepte, Reparatur- und Serviceleistungen bis hin zu Weiterverwendung und Wiederverwertung
- die interdisziplinären Kooperationen, beispielsweise für mehr Umweltverantwortung oder für die Entwicklung ganzheitlicher Szenarien zukünftiger Büro-Welten.

Der Bühnenbildner Haitger Böken (Darmstadt) hat in Zusammenarbeit mit Joachim Kossmann (DASA, Dortmund) das Ausstellungskonzept für einen der zeltartigen Wilkhahn-Produktions-Pavillons entwickelt, der für die Dauer der EXPO 2000 als Ausstellungszentrum genutzt wird. Die von Prof. Frei Otto für Wilkhahn entworfene Arbeitswelt-Architektur bietet dafür einen ebenso außergewöhnlichen, wie adäquaten Rahmen.

Vom 1. Juni bis zum 31. Oktober 2000 wird den EXPO-Besuchern bei Wilkhahn neben dieser Ausstellung mit dem Projekt Future Office Dynamics (FOD) prototypisch ein konkreter Ausblick auf die Arbeitswelt von morgen geboten. Zusätzlich wird ein Teilbereich des Wilkhahn-Exponats auch auf dem EXPO-Gelände selbst vertreten sein: Im Themenpark „Zukunft der Arbeit" zeigen DGB und Wilkhahn, wie sich mit neuen, prozessorientierten Organisationsstrukturen, sozialen Innovationen und kooperativen Beteiligungsformen Arbeitsplätze am Standort Deutschland erhalten und ausbauen lassen.

Wilkhahn
Für Menschen mit Weitsicht

www.wilkhahn.com

Wie schön, wenn bei Einrichtungen alles zusammenpaßt. Weil das Ganze dann mehr ergibt als die Summe seiner Teile. Stimmt auch noch die Architektur, entsteht der richtige Raum für Kreativität und neue Perspektiven. Interessiert?

Infos unter: UGH E Project-Office
Wilkhahn, Postf. 2035, D-31844 Bad Münder
Tel. (05042) 999-179, Fax (05042) 999-130
www.wilkhahn.com / Info@wilkhahn.de

EXPO2000 HANNOVER
Registriertes Projekt der Weltausstellung
„Zukunft der Arbeit im Spannungsfeld von Mensch, Natur, Technik und Markt"

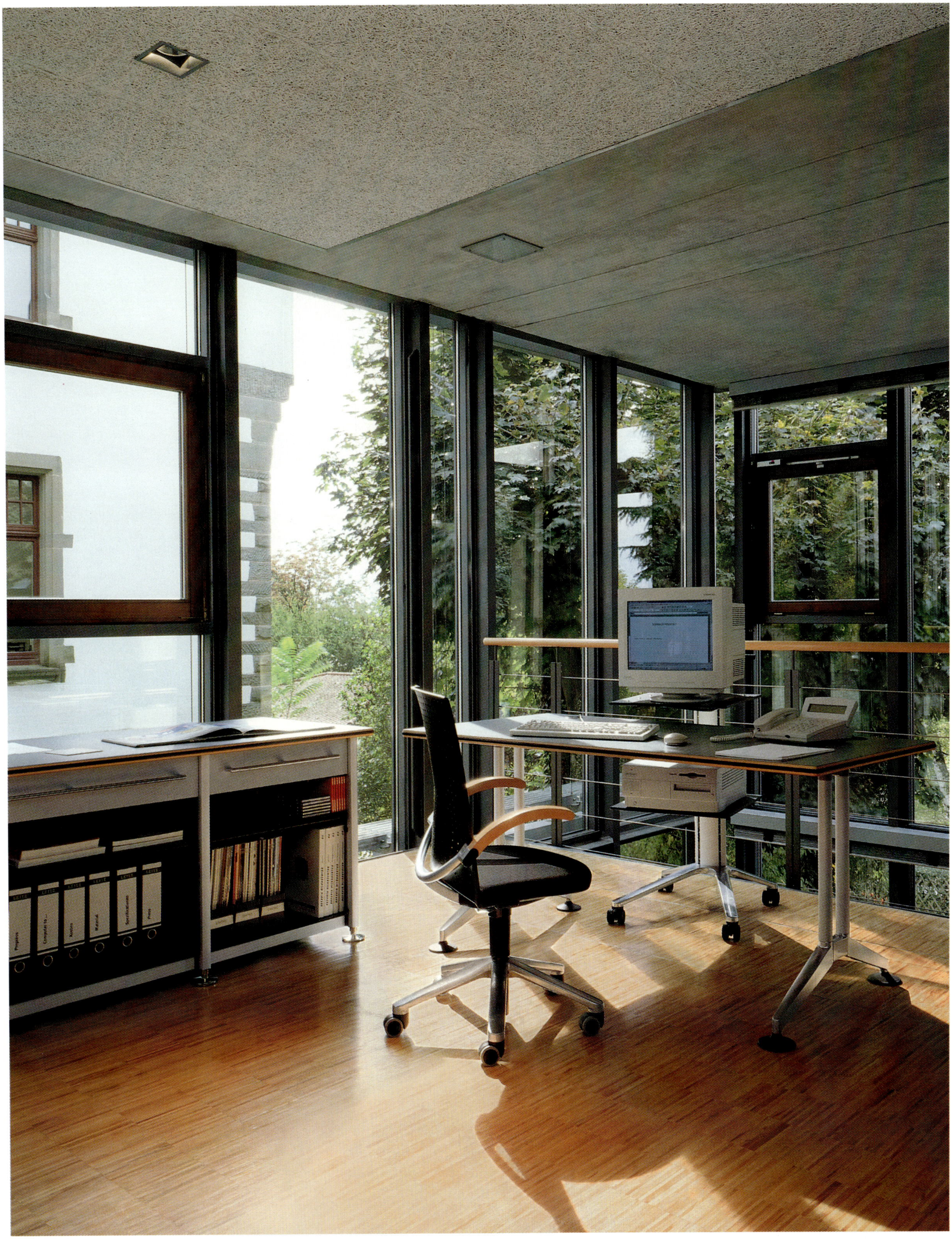

Qualitätsfaktor Design.

Design ist Haltung und Ausdruck dessen, was wir unseren Kunden bieten wollen: Genuß, Sauberkeit, Zeit, Ruhe - oder in einem Wort: Zufriedenheit.

Und das seit 100 Jahren.

Miele

IMMER BESSER

Mu
des

Adam Opel AG, Öffentlichkeitsarbeit

www.opel-mobil.de
www.opel.de

st der Motor Fortschritts.

In den Anfängen des Automobilbaus bedeutete Fortschritt vor allem Tempo: 24 Pulverraketen katapultierten Fritz von Opel 1928 in seinem RAK 2 auf die Rekordgeschwindigkeit von 238 km/h. Den Mut, neue Wege zu gehen, hat Opel in 100 Jahren Automobilbau immer wieder bewiesen: etwa durch aufregendes Design, wie beim Opel GT, durch den Aerodynamik-Weltrekord des Calibra oder jetzt durch die Entwicklung eines umwelt- und ressourcenschonenden Brennstoffzellenantriebs. Stets mit dem Ziel, innovative Technik erschwinglich zu machen.

Erleben Sie die Rekordfahrt des RAK 2 unter: www.rak2.opel.de

OPEL

Es geht auch anders.

Normen gibt e

▶ Zugegeben, manche Dinge muß man nehmen, wie sie sind. Bei anderen kann man ausbrechen. Etwa bei der Frage, ob Sie lieber curly ahorn, Rüster natur oder vielleicht Carbon am Armaturenbrett Ihres neuen Mercedes sehen möchten. Denn bei *designo* geben Sie den Ton an und sagen, was Ihnen paßt. Sitze in handschuhweichem Leder zum Beispiel, farblich abgestimmt auf Ihren persönlichen Geschmack. Statt von der Stange, maßgeschneidert und handgearbeitet. Auch bei der Außenlackierung müssen Sie nicht Standard nehmen. Sie können wählen aus einer ganzen Palette individueller *designo* Töne. Schließlich haben Sie eigene Vorstellungen von Ihrem neuen Mercedes. Und die haben mit gängigen Normen wenig zu tun.

designo, der etwa

s schon genug.

▶ Mehr über Ihren maßgeschneiderten Mercedes bei · Jörg Dähne, Berlin: 0 30/39 01-14 50 · *designo* Center Bremen, Kerstin Hachmeister: 04 21/4 19 53 91 · Uwe Macion: 04 21/4 19 53 90 · Markus Gernsheimer, Frankfurt: 0 69/9 76 55-7 14 · Rosemarie Schäfer, Hamburg: 0 40/69 41-40 50 · Norbert Lembens, Köln: 02 21/57 19-4 60 · Thomas Langer, München: 0 89/12 06-24 68 · Ane-Mari Jukic, Stuttgart: 07 11/25 90-4 84. Oder beim *designo* Center im Werk Sindelfingen · Peter Haupt: 0 70 31/90-26 32 · Thomas Widmaier: 0 70 31/90-26 74.

Impressum
　Imprint

Herausgeber
Editor
Stefan Lengyel

**Universität Essen
Industrial Design
Universitätsstraße 12
D-45141 Essen
Fon +49 (0) 201 3607
Fax +49 (0) 201 4226**

Die Verantwortung für die einzelnen Beiträge (Text und Bild) liegt bei den jeweiligen Autoren.
Liability for contributions (copy and photos) lies with the respective authors.

Redaktion
Editorial
**Stefan Lengyel
Susanne Merzkirch**

unter Mitarbeit von
assisted by
**Jörg Hinkfoth
Benjamin Holch
Christa Nolte
Wolfgang Röver
Norbert Weigend
Katrin Wellmann**

Gestaltung
Design
**Lin Lambert
Nadine Spachtholz**

Photographie
Photography
**Dirk Blumberg
Martin Dunsche
Andreas Fechner
Andreas Fein
Christoph Fein
Kai Funck
Jürgen Jeibmann
Ralf Rassloff
Hendrik Spohler
Heiko Tiemann
Georg Valerius
Bernd Wichmann**

Übersetzung
Translation
**Imme Haage
Valerie Heitfeld-White**

Lithographie
Lithography
Repro-Media, Essen

Druck und Herstellung
Print and production
Niessen GmbH, Essen

Papier
Paper
Galaxi Keramik

Auflage
Edition
5000

Vertrieb
Distribution
Niessen GmbH, Essen

ISBN
3-931326-25-X

Copyright
1999 Universität Essen